覚えておきたい
基本英会話フレーズ130

小池直己

岩波ジュニア新書 870

まえがき

　今日の国際化社会において，英語でコミュニケーションを図ることは必要不可欠となっています．日本企業は海外へと進出し，その一方で，海外からも多くの外国人の方々が日本に来られて生活しています．

　このような時代の潮流に合わせ，日本における英語教育も従来の"読み書き英語"からコミュニケーションのための"使える英語"へと，その重点を移してきています．

　しかし，ある程度の文法的知識や語彙力を持っていても，簡単な中学校で学習するレベルの単語を並べた日常会話の意味をまったく理解できないことがよくあります．とくに，くだけた会話表現の時に，このような状況に直面することがよくあります．したがって，中学校で学習するレベルの基本的な単語の組み合わせから構成されているイディオムやイディオム的なフレーズの意味が理解できるかどうかが，重要なポイントになってきます．

　このような知識を状況に応じて，積極的に活用することができれば，簡潔で，英語らしい，能動的な表現力を養うことができるのです．本書は，このようなフレーズやイディオムを手がかりに，英会話のポイントを楽しみながら学べるように，全体が構成されています．

　中学レベルの基本単語を連ねたイディオムや慣用的フレ

ーズを厳選し，それらを織り込んだスキット130を作成しました．スキットは，まるでアメリカの青春ドラマに出てくる若者たちの日常生活の1シーンのようです．英語が苦手な方でも，楽しんで取り組んでいただけると思います．

　これらのスキットを通して，フレーズやイディオムはもとより，日常会話に頻出するさまざまな表現を一緒に覚えることができます．また，さらに豊かな英語表現力を養えるように，とくにコラムを充実させてありますので，気軽な読みもののつもりで，楽しみながら読んでみてください．楽しくて，最後まで一気に読んでしまうことでしょう．

　この本の中ではアメリカ社会の中で実際にひんぱんに使われている会話表現の中でもとくに日本人が苦手としている「英会話の決まり文句」ともいえるフレーズ，慣用的イディオムに焦点を定めて，TOEICテスト，英検のような，さまざまなリスニングテストにも出題されるABABの対話形式の中に重要表現を挿入してみました．

　日常英会話の中の，どのような文脈で，どのようなフレーズ，慣用句が使われているのかを理解することによって，実践的な英語コミュニケーションの基礎力を伸ばすことができると考えたからです．

　したがって，本書の中で取り上げられている「基本英会話フレーズ130」をマスターすることによって，みなさんが，実践的な英語によるコミュニケーションの力を身につけ，英語コミュニケーション力を測定するTOEICテストや英検などの資格試験においても成功をおさめられること

を切に願ってやみません.

　最後に,本書の出版にあたり,編集の労をとっていただいた岩波書店ジュニア新書編集部の山本慎一氏に,心より御礼申し上げます.

　2018年　春

小池直己

目 次

まえがき

1　act one's age ・・・・・・・・・・・・・・　2
2　up in the air ・・・・・・・・・・・・・・・　4
3　keep up appearances ・・・・・・・・・・　6
4　the apple of someone's eye ・・・・・・・　8
5　up in arms ・・・・・・・・・・・・・・・・ 10
6　The early bird catches the worm. ・・・・ 11
7　get the ax ・・・・・・・・・・・・・・・・・ 12
8　bring home the bacon ・・・・・・・・・・ 14
9　better late than never ・・・・・・・・・・ 18
10　better safe than sorry ・・・・・・・・・・ 20
11　spill the beans ・・・・・・・・・・・・・・ 22
12　full of beans ・・・・・・・・・・・・・・・ 24
13　ring a bell ・・・・・・・・・・・・・・・・ 28
14　eat like a bird ・・・・・・・・・・・・・・ 29
15　kill two birds with one stone ・・・・・・ 30
16　wet blanket ・・・・・・・・・・・・・・・ 32
17　out of the blue ・・・・・・・・・・・・・・ 34
18　in the same boat ・・・・・・・・・・・・・ 35
19　keep body and soul together ・・・・・・・ 36
20　hit rock bottom ・・・・・・・・・・・・・ 37
21　over my dead body ・・・・・・・・・・・・ 40
22　kick the bucket ・・・・・・・・・・・・・・ 41
23　give someone a break ・・・・・・・・・・ 42

24	burn one's bridges	43
25	cross that bridge when one comes to it	46
26	(as) busy as a bee	47
27	after/in a fashion	48
28	mind one's own business	49
29	butter someone up	52
30	a fly on the wall	54
31	get/have butterflies in one's stomach	55
32	beat around the bush	58
33	burn the candle at both ends	60
34	off the cuff	62
35	call it a day	64
36	speak of the devil	66
37	lay/put one's cards on the table	68
38	hit the ceiling	72
39	(as) cool as a cucumber	74
40	keep one's distance (from someone or something)	76
41	over the hill	78
42	put the cart before the horse	79
43	let the cat out of the bag	80
44	go to the dogs	82
45	at the end of one's rope	86
46	wet behind the ears	87
47	make both ends meet	88
48	green with envy	90
49	on the dot	92
50	be all ears	93
51	lose face	94

52	on the fence	100
53	have a finger in the pie	102
54	hang in there	103
55	(all) Greek to me	104
56	fly off the handle	106
57	can't make heads or tails (out) of something	108
58	make a fool of someone/oneself	109
59	by a hair	112
60	live from hand to mouth	114
61	sit on one's hands	116
62	fall head over heels for someone	120
63	blow one's own horn	122
64	get one's head above water	124
65	eat like a horse	126
66	sell like hotcakes	128
67	break the ice	129
68	turn over a new leaf	130
69	let someone down	132
70	pull someone's leg	134
71	get/give the green light	138
72	sleep like a log	139
73	drop a line	140
74	wide of the mark	142
75	cry over spilt milk	144
76	meet halfway	148
77	once in a blue moon	149
78	slip one's mind	150
79	down in the mouth	154
80	(as) stubborn as a mule	156

81	by leaps and bounds	158
82	hit the nail on the head	159
83	come to nothing	162
84	in a nutshell	164
85	pie in the sky	166
86	neck and neck	168
87	pull oneself together	169
88	see red	170
89	hit the road	172
90	white elephant	173
91	safe and sound	174
92	packed (in) like sardines	176
93	straight from the hip	178
94	know the ropes	180
95	watch one's step	181
96	on the table	182
97	paint the town red	184
98	bark up the wrong tree	185
99	on the wagon	186
100	under the weather	188
101	bone up (on something)	189
102	have a field day	190
103	have seen better days	191
104	That'll be the day!	192
105	drop in the bucket	193
106	let one's hair down	194
107	promise the moon	195
108	make a mountain out of a molehill	196
109	(right) under one's nose	197

110	Here goes nothing.	198
111	pain in the neck	199
112	wear the pants/trousers	200
113	pull one's punches	201
114	show someone the ropes	202
115	keep one's shirt on	203
116	sleep on something	204
117	hit the roof	205
118	under the table	206
119	through thick and thin	207
120	blow one's top	208
121	on top of the world	209
122	have a word (with someone)	210
123	like a fish out of water	211
124	wear two hats	212
125	knock someone dead	213
126	get a move on	214
127	in the nick of time	215
128	pick on someone	216
129	have a familiar ring	217
130	a tempest in a teapot	218

索 引

[コラム]
イディオムの覚え方　　　16
コロケーション　　　26

昆虫にまつわる表現	56
トランプにまつわる表現	70
動物にまつわる表現	84
体の部位にまつわる表現1	96
体の部位にまつわる表現2	135
食べものにまつわる表現	146
色彩感覚	152

基本動詞のイメージ1	have と keep	38
基本動詞のイメージ2	take と give と put	44
基本動詞のイメージ3	do	50
基本動詞のイメージ4	make と let	110
基本動詞のイメージ5	go と come	118
基本動詞のイメージ6	get	127

前置詞のイメージ1	at	63
前置詞のイメージ2	in	69
前置詞のイメージ3	with	91
前置詞のイメージ4	to	105
前置詞のイメージ5	by	113
前置詞のイメージ6	from	115
前置詞のイメージ7	for	121
前置詞のイメージ8	of	143
前置詞のイメージ9	on	160

[ミニコラム]

bring	15
lay	21
catch	31
call	65
hit	73
tell と speak	83

sit	117
turn	131
drop	141
see	171

カバー・本文イラスト　也寸美

本書は，岩波ジュニア新書『英会話の基本表現100話』
(2000年12月刊)にあらたに加筆修正をしたものです．

覚えておきたい
基本英会話フレーズ130

1 act one's age
年相応にふるまう

A : John! You hit your little brother, didn't you?
B : Yes, I did. But Timmy called me stupid, Mom.
A : John, I know how you feel. But can't you act your age?
B : All right, Mom. I won't do it again. I promise.

A : ジョン！　弟をぶったの？
B : うん．だってティミーがぼくのことをバカって呼んだんだよ，ママ．
A : ジョン，気持ちはわかるわ．でも年相応にふるまえないの？
B : わかったよ，ママ．もう2度としないよ，約束する．

★幼い兄弟がケンカをしたので，それをお母さんが諭している場面です．なんとなく"act"と"one's age"の間に前置詞か何かを挿入したい気持ちになりますが，その必要はありません．なぜなら，この"act"は他動詞であり，「～のようにふるまう」という意味だからです．したがって"one's age"は目的語となります．

★付加疑問の作り方は大丈夫でしょうか？　肯定文のときは否定形に，否定文のときは肯定形にするのが基本です．be動詞（～, is/isn't it? など）・助動詞（～, can/can't you? など)・一般動詞(〜, does/doesn't he? など)の使い分けに気をつけて,カンマも落とさないように心がけましょう.発話の際には,語尾を上げれば"相手の意向を確かめる"ことになり,語尾を下げれば"相手の賛同を期待する気持ち"を表します.

　また,付加疑問に対する答え方を,この例文を使って説明すると,"〜, didn't you?"でも"〜, did you?"でも,自分が実際に"hit"したのなら"Yes, I did.",逆に"hit"しなかったのなら"No, I didn't."となります.

★なお,"call(人)〜"は第5文型の用法で,「(人)を〜と呼ぶ」という意味です.ただし,"call 〜 names"で「〜をののしる,〜の悪口を言う」という意味になるので要注意です.

2 up in the air
未決定で

A: How was the meeting?
B: Nothing has been decided, not a single issue.
A: What? You mean, everything is still up in the air?
B: Right. It was just a waste of time.

A: 会議はどうだった?
B: 何も決まらなかったよ,ただのひとつもね.
A: なんですって? つまり,すべてが宙に浮いた(未決定の)状態ってこと?
B: その通り.時間の無駄ってやつさ.

★ "be up in the air" は「(交渉・相談ごとなどが)宙に浮いた状態,未決定のままである」という意味です.この表現には「興奮して,怒って」という意味もありますので,一緒に覚えておきましょう.このような熟語を効率よく暗記するにはイメージすることが大切です.たとえば,協議事項が風船のようにプカプカと浮いていて,人びとが躍起になってそれを手にしようとしている場面や,怒りのあまり地に足のついていない(宙に浮いている)人を思い浮かべながら覚えるのです.

★ちなみに "air" を用いた表現として,"on air" は「放送中」,"put on airs" は「気取る」の意味です.まとめて覚

えておくと便利です.

★ "not a single～"は「ただのひとつも～ない」という決まり文句で,"ゼロ"を強調する場合に用いられます.

★ "issue"は「問題,関心事,交付,発表,発行物,発行部数」などの意味を持つ名詞です.issueを用いた表現に,"at issue"(問題になっている,係争中の)や,"take issue with ～"([人・事項に]異議を唱える,反対する)などがあります.

★ "You mean,～"は「つまり,君が言っている(意図している)ことは～かい?」という風に,相手の言ったことを受けて,その意図を確かめるときなどに用います."Right."は「その通り.」という意味で,"You're right."や"That's right."などの省略形と考えればよいでしょう.

3 keep up appearances
外見をつくろう，体面を保つ

A : I wish Bobby were my boyfriend.
B : I don't know why you're so crazy about him.
A : So you're not interested in him, huh?
B : No, I'm not. He always keeps up appearances, even when he shouldn't. I don't like it.

A : ボビーが私のボーイフレンドだったらなぁ．
B : あなたがなぜそんなに彼に夢中なのか，私には理解できないわ．
A : あなたは彼に興味がないのね，でしょう？
B : ええ，ないわ．彼はいつも外見をつくろっているし，そこが気に入らないの．

★ "keep up appearances" と似たような表現に "put on airs"（気取る）というものもありますので，セットにして覚えておくとよいでしょう．つけ加えると，ここでの airs は，複数形で「気取った態度」の意味があります．

★ "keep up appearances" を使った次のような例もあります．"He was heart-broken, but you wouldn't have known it by looking at him. He was good at keeping up appearances."（彼はがっかりしていたんだよ．でもちょっと見ただけではわからなかっただろう．彼は自分の感情を抑える［体面を保つ］のがうまいんだ．）

★例文の1行目で，主語(Bobby)は3人称単数なのに，どうして were なのだろう？ と思った人がいるかもしれません．これは仮定法のひとつで，"現実に反する願望，実現しそうもない願望"を表すときは"were"を用いますので，気をつけましょう．また，2行目で"why"につられて"why are you 〜"などと疑問の形を取らないように注意してください．なぜなら"why 〜"という節は"名詞節"と呼ばれるもので，語順は〈VS〉ではなく〈SV〉だからです．

★"huh"は"驚き，困惑，軽蔑，疑問，不信"などを表す間投詞で，「なんだって？」くらいの訳になります．ただしアメリカ英語では，この例文のように付加疑問の代用として用いられることがあります．

★なお，"be crazy about 〜"(〜に夢中である)や"be interested in 〜"(〜に興味がある)も覚えておきたい表現です．

4 the apple of someone's eye
目の中に入れても痛くない

A : I heard you visited Tom's house yesterday. Did you see his baby girl?
B : Yeah, she's so cute. Tom kept smiling all the time.
A : I'm sure he'll do anything for her.
B : Definitely. She is the apple of his eye.

A：昨日，トムの家に行ったんですって？ 彼の娘（赤ちゃん）に会った？
B：ああ，とてもかわいらしかったよ．トムはずっとニコニコしっぱなしさ．
A：きっとトムは，娘のためならなんでもするんでしょうね．
B：間違いないね．彼女はトムにとって目の中に入れても痛くない存在だからね．

★欧米文化では"リンゴ"という果物にさまざまな意味を持たせているようです．辞書で"apple"を引けば「リンゴ，大都会，やつ，仲間」など，いろいろな意味が載っています．「目の中に入れても痛くない」を表すのに，どうして他の果物ではないのか？と問われると，答えに困りますが，次のようなイメージで覚えるとよいでしょう．"リンゴのようなほっぺをした赤ちゃんは目の中に入れても痛く

ない."

★ "Definitely." は「まったくその通り，確かに」という意味で，賛同の意を表します．このような表現を覚えておくと "Yes, ……." という通り一遍の答え方を避けることができ，バラエティーに富んだ会話が可能となります．ちなみに，これを否定形にすると，"Definitely not." となりますので，一緒に覚えておきましょう．

5 up in arms
カンカンに怒って

A : What happened between you and Miki?
B : What are you talking about?
A : I saw her this morning, and she was up in arms over something.
B : What? I did nothing wrong.

A：あなたとミキの間に何があったの？
B：なんのことだよ？
A：今朝，彼女に会ったんだけど，何かのことでカンカンに怒ってたわよ．
B：なんだって？ ぼくは何も悪いことはしてないよ．

★ "up in arms" という表現には「戦う用意をして，興奮して，カンカンに怒って」などの意味があります．"arm" の複数形 "arms" には「武器，戦闘」などの意味があることに注意してください．ですから，カンカンに怒った人が，武装して臨戦態勢を取っているところをイメージすると覚えやすいかもしれません．なお，ここでの前置詞 "in" は臨戦態勢という「状態」を示しています．

★ "What are you talking about?" も覚えておきたい決まり文句です．自分の身に覚えのないことで責められたときや，相手が何のことを言ってるのか，さっぱりわからないときなどに用いる表現です．

6 The early bird catches the worm.
早起きは三文の得

A : It is high time you went to bed, Jewel.
B : Come on, Dad! Tomorrow's Sunday.
A : Don't you know the early bird catches the worm?
B : All right, Dad. Good night.

A：もう，寝る時間だぞ，ジュエル．
B：いいじゃない，パパ！　明日は日曜日よ．
A：いいかい，早起きは三文の得って言うだろう？
B：わかったわよ，パパ．おやすみなさい．

★「早朝の鳥は虫を捕まえる」ということですから，人を"鳥"に，三文を"(虫という)えさ"にたとえているわけです．

★ "It is high time ～"は「もう～してもよい時間だ」という表現です．"went"と過去形になっているのは，これが仮定法過去の用法を用いているからです．「もう～してもよい時間だ」ということは，裏を返せば「(もう～すべき時間なのに)実際にはまだ～していない」ということですから，仮定法過去が用いられているわけですね．なお，high は省略可能です．また，"It's time for you to go to bed."と，不定詞を用いて言い換えることも可能です．

7 get the ax
クビになる

A : Oh, what a day!
B : Chill out. Tell me what happened.
A : My car broke down on the way, a waitress spilt coffee over my jacket, and now I got the ax! Perfect!!
B : Oh, I'm sorry to hear that. But it's not the end of the world.

A：もう，なんて1日なんだ！
B：落ち着きなさいよ．何があったの，話して．
A：車は途中で故障するし，ウエイトレスは上着にコーヒーをこぼすし，今度はクビを切られちまった！(皮肉を込めて)完璧だよっ！
B：まぁ，それは大変だったわね．でも，この世の終わりじゃないわ．

★この主人公はとんでもない1日を過ごしたようですね．みなさんも想像するように，"get the ax"は"斧で首を切られる"ところを想像すると覚えやすいです．get fired という表現もあります．逆に「～の首を切る」と言いたいときには"give ～ the ax"と言いますので，一緒に覚えておきましょう．

ここで注意したいのが"get"の使い方です．この表現の

ように受け身を表すこともあれば，使役動詞として用いられることもあります．ただし，get を使役動詞として用いる場合，後に続くのは"原形不定詞"ではなく"to 不定詞"です(例：She got me to do the dishes. —— 彼女はぼくに皿洗いをさせた.)．get/have/make などにはさまざまな意味・用法がありますので，ひんぱんに辞書にあたることをお勧めします．

★例文に出てくる"What a day !"や"It's not the end of the world."も，ぜひ覚えておきましょう．気の利いた表現を用いることで会話にもリズムが生まれてきます．なお，"Chill out."(俗語)は「落ち着け.」という意味の慣用句で，"Calm down."で言い換えることも可能です．

8 bring home the bacon
生活費を稼ぐ

> A : John, can't you take a day off?
> B : No, I can't. Why?
> A : It's my birthday tomorrow, and I want to go to Tokyo Disneyland with you.
> B : Come on. Don't talk nonsense. I have to bring home the bacon.

A : ジョン，1日くらい休みを取れないの？
B : できないよ．なぜだい？
A : 明日は私の誕生日でしょう．あなたと東京ディズニーランドへ行きたいのよ．
B : 頼むよ．わがままを言わないでくれよ．ぼくは生活費を稼がなくちゃいけないんだから．

★ベーコンは欧米の食卓ではおなじみの食材です．ベーコンが"食事・食費"を，ひいては"生活費"を象徴していることを理解すれば，すんなりと覚えられる表現です．ただし，"bacon"の前にある"the"を落とさないように気をつけましょう．

★"Don't talk nonsense." は「バカなことを言うな，無茶を言うな」という表現です．また，"take a day off" で「休みを1日とる，1日休む」という意味ですが，同じoffを用いた表現で "on duty/off duty（勤務中／非番）" とい

うものもありますので，一緒に覚えておきましょう．

★なお，"Come on." は文脈によって「こっちへおいでよ，さぁさぁ，オイオイ，頼むよ，いいじゃないか」など，さまざまな意味で用いられます．

---

bring

bring は，本来は「(人や物を)話し手のほうへ持ってくる，連れてくる」という，方向性が明確な動詞です．take「持って行く，連れて行く」に対して，「運び込む」といったニュアンスもあります．

さらに，bring には「(状況や現象などを)もたらす，引き起こす」という意味もあります．

- Broadcasts bring the latest news to us.
    (放送はわれわれに最新のニュースをもたらす．)
- Careless driving brings about accidents.
    (不注意な運転が事故を引き起こす．)

bring up で「育てる，しつける」という意味になります．

- Her daughters are not properly brought up.
    (彼女の娘たちはきちんとしつけられていない．)

コラム1　イディオムの覚え方

　みなさんも，"このイディオムは見た目とその意味とがかけ離れていて，こんなの覚えられるわけないよ！"と憤慨した経験があるのではないでしょうか．イディオム（あるいは慣用句）のむずかしいところは，各単語を直訳してつないでも，その意味が取りづらいという点にあります．"どうしてこの表現からこんな意味が出てくるの？"という疑問を解いて，あるいはそれなりに意味づけをして覚えることが大切です．

　このように述べると"何か，大変そうだなぁ"と嘆きたくなるかもしれませんが，コツさえ覚えてしまえば，効率よくイディオムを覚えることが可能です．

　まず，イディオムの中には故事・伝記・神話などに由来するものがあるということを覚えておいてください．たとえば"milk and honey"という表現は聖書に由来しており，その中における"ミルクと蜜"の役割・はたらき，あるいはイメージから「豊かな生活の糧」という意味が派生しました．

　みなさんは「のど仏」を英語で何と言うかご存じでしょうか？　知っている方も多いとは思いますが，英語では"Adam's apple"と言います．そうです，旧約聖書の中で人類の始祖とされる"アダムとイヴ"の"アダム"です．"Adam's apple"は，アダムが禁断の実であるリンゴをのどに詰まらせたという言い伝えに由来しています．また，"the apple of Sodom"には「失望の種，開けて悔

しい玉手箱」という意味があり，こちらも昔の言い伝えに由来しています．

- on/at the Greek calends（いつまで経ってもけっして〜しない＝never：古代ギリシャ暦には calends という［ローマ暦にある］名称がないことから）
- fiddle while Rome is burning（大事をよそに安逸をむさぼる：暴君ネロが，たて琴を弾きながらローマ炎上を見物したという故事から）

次に，イディオムの中に出てくる単語，あるいは表現全体がある事物の暗示・比喩として用いられる場合があることを理解しておきましょう．また，"beat a dead horse"は"死んだ馬に（ムチを）打つ"という行為自体が「無駄骨を折る」という意味を暗示（あるいは明示？）しているわけです．

- bury one's head in the sand（現実に目をつぶる）
- stir up a hornet's nest（面倒を引き起こす）
- be putty in someone's hands（言いなりになる）
    * putty は，名詞で「パテ（状のもの），（パテのように）変形自在なもの，淡褐灰色」の意味がある．

イディオムの由来やその意味が出てきた背景を理解しておくことで，イメージが湧きやすくなり，効率よく覚えることができます．また，このようにしてイディオムを覚えれば，英語圏の文化に対する理解もぐっと深まることでしょう．

9 better late than never
何もしないより，遅れてでもしたほうがまし

A : Why didn't you show up at Katy's birthday party last night?
B : Shoot! I wish I'd gone, but it was totally out of my mind!
A : I think you'd better call her or something.
B : Yeah. I'm going to the mall to get a present for her. Better late than never.

A : 昨夜，ケイティーのバースデイパーティーにどうして現れなかったの？
B : しまった！ 行きたかったのに，そのことをすっかり忘れてた！
A : 彼女に電話するとか，何かしたほうがいいんじゃないの．
B : そうだな．（ショッピング）モールへ行って彼女へのプレゼントを買ってくるよ．何もしないより遅れてでもしたほうがいいからな．

★ "better late than never" は「何もしないより～」という意味の諺です．3行目にある "Shoot!" は「ちぇっ，しまった！」という意味の間投詞で，"Shit!" という卑語を避けるための婉曲表現です．みなさんも，"Shit!" のような卑語は使うべきではありません．キリスト教が深く根づ

いている欧米社会では，これらの卑語を極端に嫌う人びともいますし，また，卑語を用いると教養のない人だと誤解されてしまいますので気をつけましょう．この会話のような場合は，単に"No!"と言えばよいでしょう．逆に「やった！」と言いたいときは"Yes!"と言えばよいのです．

★ " I think you'd better call her or something."の "or something" は "〜とかなんとか，〜とでも" くらいの意味で，日常会話ではひんぱんに出てきますので，覚えておくとよいでしょう．例文に出てくる "show up" は「現れる，目立つ」という意味で，"turn up" と言い換えることもできます．"out of my mind" に関しては，ここでは「(パーティーのことが)頭からすっかり抜け落ちていた」というような意味ですが，"He must be out of his mind." と言うと「彼は正気でないに違いない．」というような意味になります．

★ "you'd better" は "you had better" の省略形で，「〜しなさい，〜するほうがよい」という意味です．これを否定形にすると "had better not(〜しないほうがよい)" となりますが，"not" の位置に気をつけましょう．

10 better safe than sorry
後で悔やむより，今のうちに安全を図っておいたほうがよい

A : You look pale. What's wrong?
B : I feel a chill.
A : You might have caught the flu. You'd better go and see a doctor.
B : Yeah, I will. Better safe than sorry.

A：顔が青いわよ．どうしたの？
B：寒気がするんだ．
A：インフルエンザにかかったのかもしれないわ．医者に診てもらったほうがいいわよ．
B：ああ，そうするよ．後で後悔するより今のうちに手を打っておいたほうがいいからな．

★ "better (to be) safe than sorry" という慣用句は形式主語の "it" が省略されたものと思われ，その意味は，ほぼ直訳通りですね．ひとつだけ注意したいのは，"safe" の比較級は "safer" であり，"better safe" でも，"more safe" でもないということです．

★ なお，"see a doctor" は「医者に診てもらう」と言うときの決まり文句です．その前の "go and see" ですが，口語英語では「～しに行く」と言うとき，例のように go ともうひとつの動詞を and でつないで用いることがあり，この and はしばしば省略されます．文法的に正しいのか

と聞かれれば疑問は残りますが，日常会話ではこのような使い方をひんぱんにするようです．たとえば，自分の犬に対して「ボールを取ってこい！」と言うときに"Go get the ball!"などと言ったりします．

★なお，"flu"は"influenza"(インフルエンザ)の省略形です．「風邪をひく」は"catch a cold"ですが，「インフルエンザにかかる」は"catch the flu"と言いますので注意しましょう．また，"I feel a chill."の代わりに，"I feel cold."と言うこともできます．

---

lay

lay の基本的意味は，物を「水平に横たえる，置く，整える」です．日常会話で用いられるのは，"Lay up some money for a rainy day."(万一のときに備えて，お金を少し蓄えておきなさい．)や"He was laid off."(彼は一時解雇された．)など．

- I wonder how much to lay by.
    (いくら貯金をしようかしら．)
- We can't lay out any more money for this project.
    (この事業にはもうこれ以上の金をつぎ込めない．)

上の例文で，lay by は「貯金する」，lay out は「投資する」の意味です．

11 spill the beans
口をすべらす

> A : I'm thinking of having a surprise party for Judy.
> B : That's a great idea!
> A : Isn't it? But be careful not to spill the beans, okay?
> B : I got it.

A : ジュディーのためにサプライズパーティーを開こうと思っているんだけど.
B : それはいい考えだね！
A : でしょう？　でも，口をすべらさないように気をつけてよ.
B : わかった.

★ "spill the beans"で「うっかり豆をこぼす」ことから，「うっかり秘密を漏らしてしまう」という意味になりました. "ここにあった豆, どこに行っちゃったのかしら？あなた知らない？"とお母さんにたずねられ, "ぼくは知らないよ"と言おうとしたら口から豆が2, 3粒ぽろぽろっとこぼれ落ち, 結局ばれてしまった. そんなところをイメージするとよいかもしれません.

★例文の"Isn't it?"はおなじみの付加疑問文ですが, 日常会話では, このように単独で, しかも効果的に用いることが間々あります. このような使い方も身につけて, あなた

の英語センスに磨きをかけましょう.

★なお,"I got it."は「わかった.」という意味です. また"Gotcha."(= got you)という俗語も同じ意味で,日常会話の中ではたびたび耳にする表現です. 参考までに覚えておきましょう.

12 full of beans
元気いっぱい

A : Hi, Chris!
B : Hi, Junko! Hi, everybody, how are you doing today? It's such a beautiful day, isn't it?
A : Hey, Chris! What's the matter with you? You're full of beans today.
B : Guess what? I won the lottery!

A : ハイ, クリス!
B : やぁ, ジュンコ! やぁ, みんな, 今日の調子はどうだい? 今日はとても素晴らしい日だね.
A : ねぇ, クリス! どうしちゃったの? 今日は元気いっぱいみたいだけど.
B : 何だと思う? 宝くじに当たったんだ!

★ "full of beans" を直訳すると「豆がいっぱい」ということですから, これだけでは何のことだかさっぱりわかりませんね. イディオムは直訳からは想像もつかない意味を担っていることが多く, だからこそイメージを用いて覚えることが大切です. "フライパンの上でたくさんの豆が元気に飛び跳ねている"ところをイメージしてもいいし, "栄養価の高い豆をたくさん食べて元気いっぱい"などと覚えてもよいでしょう. もともとは, 豆のえさをたっぷりと与えられた馬が元気いっぱいであることに由来します.

★ "Guess what?"は「何だと思う？，あのね，あててごらん」と言うときの決まり文句です．また，「宝くじに当たる」は "win the lottery" と言います．ここで注意したいのが，"lottery" という単語を知っていても，どの動詞を用いるのかがわからなければ，自分の意図をきちんと相手に伝えることができないということです．ときには誤解を招くことにもなるでしょう．ですから，日ごろからコロケーション (collocation)，つまり，ある単語・フレーズに対してどの単語・フレーズが結びつきやすいかということにも注意を払うように心がけましょう．

コラム2　コロケーション

"コロケーションっていったい何だろう？"と，不思議に思った方もいるかもしれません．"collocation"という語を辞書で引くと「配置，配列，併置」とありますが，文法用語として「語の連結，連語関係」という意味もあります．ここで言う"コロケーション"とは後者のほうです．もっと簡単に言うなら，"どの語とどの語が結びつきやすいか"ということです．

わかりやすいように日本語の例をあげると，"汚い生ゴミ"や"素晴らしい音楽"といったフレーズは自然な感じに聞こえますね．それは〈汚い・生ゴミ〉〈素晴らしい・音楽〉という，それぞれの語（あるいはイメージ）の結びつきが自然で，一般的に受け入れられているからです．では，"美しい生ゴミ"や"おいしい音楽"といったフレーズはどうでしょう．どことなく不自然な感じがしませんか？　それは〈美しい・生ゴミ〉〈おいしい・音楽〉という，それぞれの語の結びつきが不自然，あるいは一般的に受け入れがたいものだからです．

もちろん，作家が意図的にこのような表現をする，ある場合に限ってだけ用いられる，あるいは時が経ってこのようなコロケーションが受け入れられる，などの可能性は否めませんが，少なくとも現時点では，このようなフレーズは一般的ではありません．

これと同じように，英語やその他の言語にもコロケーションが存在します．たとえば"green with envy"（羨

ましくてしょうがない)という表現(48話参照)がありますが,英語圏の人にとっては"green"と"light"というコロケーションは受け入れられても,(「青信号」という意味に限っては)"blue"と"light"というコロケーションは受け入れがたいわけです。

しかしながら,将来的には英語でも"blue light"というコロケーションが,「青信号」という意味で受け入れられる可能性がないとは言えず,そうなれば"green"と"blue"が持つ,それぞれの意味範疇も変わってくることになります。

では,腕だめしにクイズをどうぞ。

(1) The traffic is not (　) on this street.
　　① much　② heavy
(2) I can't get along on my (　) salary.
　　① cheap　② small
(3) There is a (　) population in Tokyo.
　　① large　② many
(4) The teacher (　) a large circle on the blackboard.
　　① wrote　② drew
(5) The waiter was (　) we didn't like to complain about the meal.
　　① so nice a man,　② such nice a man that
正解　(1)-②,(2)-②,(3)-①,(4)-②,(5)-①

13 ring a bell
ピンとくる

A : Who's the guy printed on the one dollar bill?
B : I don't know.
A : How about this? Who's the first president of the United States of America?
B : It still doesn't ring a bell.

A：1ドル札に印刷されている人はだ〜れだ？
B：知らない．
A：これならどう？　アメリカ合衆国の初代大統領は誰だ？
B：まだ，ピンとこないよ．

★みなさんも，何かをひらめいたときにパッと電球が光る場面を漫画などで目にしたことがあるでしょう．それと同じように，英語においては"ベルがチ〜ンと鳴る"イメージを喚起するようです．

★1行目にある"guy"は「男，やつ」などの意味ですが，"guys"で「人びと，君たち」という意味もあります．こちらの意味では男女混合のグループ，女性のグループに対しても用いることができますので，覚えておきましょう．

14 eat like a bird
食が細い

A : Kevin eats like a bird.
B : No, he doesn't.
A : What's that supposed to mean?
B : Well, that means you eat too much!

A：ケビンは食が細いよなぁ．
B：そんなことはないわよ．
A：それってどういう意味だよ？
B：つまり，……あなたが大食いなのよ！

★この表現は「(鳥のように)食が細い」として覚えておくとよいかもしれません．"No, he doesn't."の後には"eat like a bird"が省略されていることに注意しましょう．"Does he eat like a bird?"とたずねられているわけでもないのに，質問に答えているような応じ方をしているので腑に落ちない感じがするかもしれませんが，相手が言ったことを受け，それを否定しているので問題はありません．

★"What's that supposed to mean?"は「それはいったいどういう意味ですか？」という決まり文句で，この例文のように「それってどういう意味だよ？」と少し皮肉っぽく用いられることもあるようです．なお，"What do you mean by that?"と言ってもほぼ同じ意味になります．

15 kill two birds with one stone
一石二鳥

A: Thomas, where are you going?
B: I'm going to mail this letter.
A: Well, I'm going to the library. So I'll kill two birds with one stone and post it for you. You must be busy with writing papers.
B: Are you sure? Thanks. As you said, I have no time to eat, honestly.

A: トーマス，どこ行くの？
B: この手紙を投函しに行くんだ．
A: 私，図書館へ行くのよ．一石二鳥だから，私が出しといてあげるわよ．レポート書くのに忙しいでしょうから．
B: 本当かい？ ありがとう．君が言ったように，正直言って，食事をする時間もないんだ．

★ "kill two birds with one stone"，この表現もまさに文字通りですね．しかしながら，ひとつだけ注意したいことがあります．それは"with"という前置詞を"by"と間違えないことです．確認のためにここでおさらいをしておきましょう．原則として，"with"は〈道具〉を表すときに用いられ，一方"by"は〈手段・動作主〉を表すときに用いられます．日本語にすると，たとえば「ハンマーで〜」の

"で"も,「電車で〜」の"で"も同じような気がしますが,英語では前者は"with〈道具〉"で表し,後者は"by〈手段・動作主〉"で表します.気をつけましょう.

★7行目に出てくる"have no time to eat"は,〈to不定詞〉のところを〈for + 名詞〉に変え,"have no time for lunch"などとすることもできます.

---

catch

catch は,一般的には「〜を追いかけて捕まえる,追いつく」などの意味を持っていますが,「人目を引く,人の心をとらえる,人気を得る」といった意味もあります.捕まえる対象は人物とは限らず,抽象的,精神的な対象をも含んでいます.

- I caught hold of his neck.
  (私は彼の首根っこを捕まえた.)
- I didn't catch on to what she was saying.
  (私は彼女が何を言っているのかわからなかった.)

上の例文の中で,catch hold of は「〜を捕まえる」,catch on to は「〜を理解する」の意味です.

16 | wet blanket
座をしらけさせる人

> A : We're having a party tonight. You want to come?
> B : I'd love to. Can I bring Hiroshi with me?
> A : Well, I don't think that's a good idea. You know, he's a real wet blanket.
> B : No, he's not. He's just shy.

A：今夜パーティーをするんだけど，君も来るかい？
B：喜んで．ヒロシを連れてきてもいいかしら？
A：そうだなぁ，あまりいい考えだとは言えないね．知ってるだろう，彼が座をしらけさせるやつだってことを．
B：そんなことないわよ．彼はただ，恥ずかしがり屋なだけよ．

★ "濡れた毛布"が「座をしらけさせる人」という意味になるなんて不思議ですね．こう考えてみたらどうでしょう．燃えさかる火に濡れた毛布をかければ鎮火してしまいます．それと同じように，せっかく盛り上がっているパーティーを盛り下げる人がいれば，その人は"濡れた毛布"となんら変わりがない，というわけです．なかなかおもしろい表現ですね．

★ 進行形（be＋～ing）で，近未来の予定を表すことがあり

ます．"往来"(go, come, leave, etc.)に関する動詞に用いることが多いのですが，1行目の having のように，"往来"以外にも用いられますので気をつけましょう．

★「〜を(一緒に)連れてくる」というときは，例文にあるように"bring"を用いますが，ここで注意したいのが bring と take の使い分けです．話し手の視点が現在地にあるか，目的地にあるかで bring と take は使い分けられます．たとえば"I'll bring Hiroshi to the party."(パーティーにヒロシを連れてくる)の場合は，話し手の視点は現在地(話し手と話し相手がともに思い描いているパーティーという場)にあり，"I'll take Hiroshi to the party."(パーティーにヒロシを連れて行く)の場合は，話し手の視点に目的地(the party)にあります．

★なお，"I'd love to."は，誘いを受けたときに「喜んで．」と快諾する表現です．ただし，"I'd love to, but 〜."などと，後に理由をつけて「本当は行きたいんだけど〜(だから行けない)．」という場合にも用いられます．

17 out of the blue
突然に

> A : He grabbed my hand and held me tight.
> B : Then, what happened?
> A : Out of the blue, he asked me to marry him!
> B : Wow! What a romantic story!

A：彼は私の手をつかんで，私をきつく抱きしめたの．
B：で，どうなったの？
A：突然，私に結婚を申し込んだの！
B：まぁ！ なんてロマンティックな話なのかしら！

★ "out of the blue" は "a bolt out of the blue"（青天の霹靂(へきれき)）の省略形と思われます．"真っ青な晴天だったのに，いきなり雷が鳴り出す" という情景から，「突然に」という意味が生まれたのでしょう．

★感嘆文には "What 〜!" を用いるものと "How 〜!" を用いるものがあります．文法的に説明すると，〈What (a(n)) +形容詞+名詞+S+V !〉，〈How +形容詞・副詞+S+V !〉，つまり "形容詞+名詞" のときは "What"，"形容詞・副詞" だけのときは "How" を用いるわけです．注意したいのは〈S+V〉という語順です．これを〈V+S〉として，"How big is it?" としてしまっては，ただの疑問文になってしまいます．

18 in the same boat
同じような困難な境遇にいる

> A : It's your fault!
> B : No, it's not! It's you that ruined our plan!
> C : Stop it! What's the use of fighting each other? We're in the same boat!
> A : We're sorry. You're right.

A：君のせいだぞ！
B：いや，違うね！　われわれの計画を潰したのは君じゃないか！
C：やめて！　たがいにケンカして何の意味があると言うの？　私たちはみな，同じ境遇にいるのよ！
A：ぼくたちが悪かった，ごめんよ．君の言う通りだよ．

★荒れ狂う大海原に浮かぶ船の上で，困難な状況・境遇を仲間と共有しているイメージです．"It's you that/who ruined our plan."は"強調構文"です．自分が強調したい語・句を"It is"と"that"で挟みます．

★"What's the use of 〜ing."(〜をすることに何の意味があると言うのだ，〜しても無駄だ)も覚えておきたい表現です．典型的な例としては，"What's the use of crying over spilt milk."(覆水盆に返らず)があります．

19 keep body and soul together
どうにか生計を立てる

A : I heard George got the ax. Is that true?
B : Yes, it is.
A : Poor George. I'm so worried about him.
B : Well, he's somehow keeping body and soul together.

A：ジョージがクビになったって聞いたんだけど，本当なの？
B：あぁ，本当なんだ．
A：かわいそうなジョージ．彼のことが心配だわ．
B：でも，どうにかこうにか生計を立てているみたいだよ．

★肉体と精神をひとつに保つためには，ある程度の生活基盤が確立されている必要があります．おそらく，その辺から「生計を立てる」という意味が生まれてきたのではないでしょうか．そして"keep"（～を維持する）という単語から「どうにか，なんとか」というニュアンスが漂っているようです．なお，同じような意味で"keep one's head above water"（財政的になんとかやっている）という表現もあります．財政的に苦しい状況を"なんとか頭だけは水面から出すことができ，溺れずにいる"という状態にたとえているわけです．

20 hit rock bottom
どん底に陥る

> A : Do you know what happened to Taka?
> B : Yeah. He broke up with his girlfriend and got fired last week.
> A : I feel sorry for him.
> B : You can say that again. He has really hit rock bottom.

A：タカに何があったか知ってる？
B：ああ．彼女と別れたあげく，先週，（会社を）クビになったらしいな．
A：彼に同情するわ．
B：あぁ，まったくだ．まさにどん底だよ．

★ "bottom" には，「底」とともに「お尻」という意味があります．ですから，"hit rock bottom" は，深い井戸の底へと落ちてお尻をぶつけてしまったところをイメージすると覚えやすいかもしれません．

★ "feel sorry for someone" は「～をかわいそうに思う」という表現です．また，"You can say that again." は「まったくその通りだ．」と，相手の言ったことに対して賛同の意を表す表現で，"Exactly." や "You're right." などで言い換えることも可能です．

基本動詞のイメージ 1　　have と keep

　have は本来,「手に持つ」という意味で使われていたのですが, 単にものを「所有」するの意味に転じ, 意味が広がっていったものと考えられます. たとえば, "This room has three windows." は「この部屋には窓が3つある(属している)」であり, "A year has twelve months." は「1年は12か月ある(1年という期間の中に12か月が属している)」です.

　「～がある」というとすぐ There is ～の構文を使いたくなりますが, このように have を用いると簡単に言えますし, have こそ英語的発想の基本中の基本と言っても過言ではありません(ちなみに, "There are three windows in this room." だと, 3つの窓を窓枠からはずして, 部屋の中に放置しておくような状態であると想像してください). この発想を身につけると, "She has a nice smile."「彼女の笑顔は素敵だ(彼女という人物に素敵な笑顔が属している)」という英語もすんなり口に出るようになりますね.

- She has blue eyes and black hair.
- I have a stomachache.
- How many brothers do you have?

　また,「have + 名詞」の形で have a cup of coffee「コーヒーを飲む」, have a bath「入浴する」, have a talk「話をする」, have a shock「ショックを受ける」など, 次に来る名詞によって「食べる, 飲む, 経験する, 楽し

む，もよおす」といろいろな意味になり，とてもレパートリーの広い動詞です．

さらに have to ～「～しなければならない」，had better ～「～すべきだ，～しないといけない，～したほうがいい」，「have＋目的語＋過去分詞」で「～してもらう，～される」などの意味を表現できます．

さて，keep は have に時間的な広がりが加わったもので，「持っている」状態を「保つ，継続する」という意味が出てきます．"Keep your word.""Keep this in mind." などにはその感じがよく出ていますね．日本語でも「ボトルをキープする」と言いますが，このニュアンスをつかんでおけばいいでしょう．次の例文で見てみましょう．いずれも「ある状態を保つ」という時間的な幅が感じられるはずです．

- I keep all kinds of medicine on hand.
- She kept a diary when she was a schoolgirl.
- I keep my room neat and tidy.

行為の「継続」を表すときは「keep＋～ing」を用います．

- I kept standing for an hour.
- She kept me waiting.

この「保つ，維持する」から，「経営する」「管理する」などの意味も生じるわけです．

21 over my dead body
死んでも反対

A : Kana says she will get an aircraft license.
B : Impossible! She couldn't even get a driver's license!
A : I told her so. But she won't listen to me.
B : If she carries it out, it's over my dead body!

A : カナが飛行機を操縦する免許を取るつもりらしいのよ．
B : 不可能だよ！　車の免許だって取れなかったじゃないか！
A : 私もそう言ったのよ．でも，言うことを聞かないの．
B : そんなことしようったって，俺の目が黒いうちは許さないぞ！

★ "どうしても行くと言うなら，俺を倒してから行け．"言葉の裏には「絶対に，死んでもそうはさせないぞ！」という"強い反対の気持ち"が隠れています．例文のように文に組み込んで用いることもあれば，"Over my dead body!"(絶対にだめだ！)と単独で用いることもあります．
★ "She won't listen to me."の"won't（= will not）"は「(どうしても)聞こうとしない．」という頑なな拒絶です．

22 kick the bucket
死ぬ

> A : I really like that actor.
> B : Me too. But he kicked the bucket last week.
> A : You're kidding!
> B : No, I'm not. He died of a heart attack.

A：私，あの俳優が大好きなの．
B：ぼくもだよ．でも先週，彼は死んでしまったね．
A：冗談でしょっ！
B：本当だよ．心臓発作で亡くなったんだ．

★ "kick the bucket"は，バケツを踏み台にして首にロープをかけ，最後にそのバケツを蹴ることから来た表現だとも言われています．ひんぱんに耳（あるいは目）にする表現ですから，丸暗記したほうがよいかもしれません．

★ "die of ～"と"die from ～"の区別は大丈夫でしょうか？ "of"をとるのは〈病死・餓死・老衰死〉などの場合で，"from"をとるのは〈けが・不注意に起因する死〉などの場合です（例：He died from bullet wounds. ——彼は弾丸の傷が原因で死んだ．）．なお，同じ"kick"を使った表現に"kick the habit"（悪習を断つ）があります．

23 give someone a break
もう1度機会を与える

A : What did you think of my paper?
B : Well, it's not so bad. Yet some sentences need to be rewritten.
A : I see.
B : Well, I'll give you a break, and you rewrite it by next week. Okay?

A : 私の論文, どうだったでしょうか？
B : そうだねぇ, 悪くないよ. だが, いくつかの文章は書き直す必要があるね.
A : そうですか.
B : まぁ, もう1度チャンスをあげるから, 来週までに書き直してきなさい, いいですね？

★ "break" には口語で「運」という意味があります. あるいは「休憩」の意味もありますから "ちょっと休憩をあげる(から, また〜をやってみなさい)." などととらえ, それが「もう1度機会を与える」という意味につながる, と考えるのもひとつの手かもしれません.

★ なお, 文中にある "yet" という接続詞は「しかし, だが」という意味で "but" と同じです.

24 burn one's bridges
後戻りできない

A : What!? What did you say?
B : I said, I decided to drop out of school.
A : Don't burn your bridges. There must be a way out of the problem.
B : Thanks. But as I told you, I've already made up my mind.

A : なんですって!?　今，なんて言った？
B : だから，退学することに決めたんだよ．
A : 取り返しがつかなくなるようなことをしないで．何かしらの解決策があるはずよ．
B : ありがとう．でも，今も言ったように，もう決めたんだよ．

★今まさに自分が渡っている橋を燃やしてしまったら，当然，後戻りはできません．この表現を覚えることに難はなさそうですが，"bridges"と複数形になっていることには注意してください．

★"a way out of the problem"は，直訳すると「問題から抜け出す道」で，そこから「解決策」というニュアンスが出てきます．また，訳文の「何かしら」というニュアンスは，不定冠詞である"a"が担っているわけです．

基本動詞のイメージ2　takeとgiveとput

takeは,「相手からこちらに物が移ってくる」, つまり, 物を自分のものにして, 相手から離してしまう動きです. ですからtakeは単に「取る, 手に取る」から「(勝手に人のものを)持ち出す」まで幅広い意味を持っています.

giveはその逆で,「物が自分のほうから相手のほうに移動する」動きです. 物は, 自分の手元から離れて去って行くと考えられます.

一方putは, 物を「置く」または「ある状態にする」といった意味を持っています. つまり, putは物の移動の方向が, 自分のほうへとか相手のほうへとかと定まってはおらず, 前置詞や副詞がつくと方向が定まるのです.

これら3つの動詞は, それぞれ前置詞や副詞をつけると意味が独自の広がりを持ってきます. takeは「腕を, 写真を, 代金を」, その他いろいろなものを「取る」の意味を持ち,「奪う」「手に入れる」と意味範囲は広がります.

- I took her by the hand.
- I took a cat in my arms.
- I took a photo of my son.

その他, take a rest「休息をとる」, take a nap「昼寝をする」, take (the) first prize「1等賞をとる」などもよく目にする表現です.

またtakeには, bring「持ってくる」に対して,「持

って行く」の意味もあります．乗り物に「乗る」，時間を(が)「取る，かかる」など，いずれも take を用いて表現できます．

- This bus will take you to Shinjuku Station.
- It took me a month to finish the work.

　give は「与える」の基本的意味から，目的語によって「支払う」「渡す」「授ける」などいろいろな意味が出てきます．

- I'll give you a call again.
- Can you give me some of your time?

　put の意味は「置く」を中心に広がっていると考えられます．たとえば put away なら「(使わないで)向こうに置く」から「片づける，蓄える」を意味し，put on は「身に着ける」です．put back は「戻す」，put down は「下に置く」→「書き留める」などの意味になります．また，put off「〜を延期する」，put up with「〜を我慢する」など，日常生活の中でひんぱんに用いられるイディオムを生み出します．

- I don't like those who put on airs.
- He is busy putting by money for the trip.
- Please put me through to Mr. Koike.

　それぞれ，put on airs「気取る」，put by「〜を貯め込む」，put through「(電話を)つなぐ」，の意味です．

25 | cross that bridge when one comes to it
そのときになって対処する

A : We haven't come up with a single solution yet after three hours of discussion.
B : Not a single one.
A : Seems like it's simply a waste of time.
B : Yeah. There's no problem now. Let's cross that bridge when we come to it.

A：3時間も議論した末に，ただのひとつも解決策が思い浮かばないわ．
B：ただのひとつもね．
A：どうやら，時間の無駄みたいね．
B：あぁ．今のところ問題ないんだから，そのときになって対処しよう．

★ "after three hours of discussion" のように，〈after + 時間単位 + of + 名詞／〜ing〉というフレーズもしばしば目にしますので，覚えておくとよいでしょう．また，"Seems like 〜" といきなり動詞で始まっていますが，このように口語では(形式)主語 It が省略されることが多々あります．
★ "come up with" は，「(いい考え・アイディアなどを)思いつく」という表現です．

26 (as) busy as a bee
大忙し

> A : Hey, Tom!
> B : Sorry, I'm late.
> A : Where's Yuko?
> B : She's not coming. She's as busy as a bee studying for the exam.

A：ねぇ，トム！
B：遅くなってごめん．
A：ユウコはどこ？
B：彼女は来ないんだ．試験勉強で大忙しさ．

★働きバチが忙しそうに飛び回っているところをイメージすれば覚えやすいですね．"as～as"の構文は形容詞・副詞の原級を as で挟めばよいのでしたね．見出しのところで最初の as が（ ）でくくられているのは，省略可能という意味です．その場合，後ろの as は「～のように」という前置詞であるととらえればよいでしょう．

★なお，"She's not coming." と進行形が取られていますが，これは〈近未来〉を表す進行形の用法です．ですから，"She won't (= will not) come." と言い換えることができます．

★"busy (in) ～ing (～で／～するのに忙しい)" という表現です．

27 after/in a fashion
どうにか

A : Kaori is going to Florida next week.
B : Has she ever been abroad before?
A : I don't think so. But she can speak English after a fashion.
B : I hope she won't get into any trouble.

A : カオリが来週フロリダへ行くんですって．
B : 彼女，今までに海外に行ったことあるのかい？
A : ないと思うわ．でも，彼女はどうにか英語を話せるから．
B : なんの問題も起きなきゃいいけどな．

★ "fashion" には「方法，流行」などの意味があります．ですから，"after a fashion" は「流行の後を追うくらいにはどうにか〜できる」，"in a fashion" の場合は「ある方法でどうにか〜できる」と覚えるとよいかもしれません．

★ なお，「〜へ行ったことがある〈経験〉」と言うときは "have been to 〜" を，「〜へ行ってしまった（ので今はここにいない）〈結果〉」と言うときには "have gone to 〜" を用います．意外と間違えやすいところなので，しっかりと覚えておきましょう．"get into trouble" は「問題に巻き込まれる，困ったことになる」くらいの意味です．

28 mind one's own business
余計なおせっかい

A : Have you finished your homework?
B : No, I haven't.
A : It's due tomorrow. You'd better get to work on it, right now.
B : Mind your own business!

A：宿題は終わったのかい？
B：いいえ，まだよ．
A：明日が締切だよ．今すぐに取りかかったほうがいいぞ．
B：余計なお世話よ！

★ "mind one's own business" で「自分のことだけ心配してろよ」という決まり文句です．「君には関係ない」と言いたいときは "It's none of your business." です．"It's due 〜." は「〜が締切だよ．」という意味ですので，この例文で一緒に覚えてしまいましょう．

★ また，人が何かに取り組んでいるのを知っていて「もう終わった？」とたずねる場合は "Are you done?" を用いることもできます．この "be done with〜" も，ぜひ覚えておきたいフレーズですね．

★ なお，"get to work on it" の "get to work" は「〜し始める，取りかかる」，"on 〜" で「〜を，〜に」の意味です．

基本動詞のイメージ3　do

do＝「する」ととらえている人が多いと思いますが，本来は「〜を目的通りに運ぶ」という意味です．つまり，最後まで何かを行おうという，一種の完結性を表す語なので，「完結性→用を足す→役立つ・都合よくいく」と，さまざまな意味の広がりを持ってくるのです．この目的達成のニュアンスを「do＋名詞」で検証してみましょう．

- do one's hair 「整髪する」
- do one's duty 「義務を果たす」
- do the cooking 「料理をする」
- do one's exercises 「体操をする」
- do the housework 「家事をする」
- do one's homework 「宿題をする」
- do the problem 「問題を解く」
- do the dishes 「皿を洗う」
- do the host 「（会議，パーティーなどで）ホスト役を務める」

これらのすべての例に共通しているイメージは「目的達成」，つまり「ある行為の遂行」です．日本語でも「お茶(に)する」などという言い方をすることがありますが，これが「お茶を飲む」という意味であるように，do の次に来る目的語(名詞)によっていろいろな動作を表現できるのです．

それらを日本語に訳すときに重要なのが，「do＋名

詞」のイメージから，適切な訳語を見つけることです．ある意味では，自然な日本語を考えるおもしろさもあるわけです．訳語をいちいち覚える必要はありません．do という動詞のイメージさえとらえておけば理解は簡単で，訳語も状況によっていろいろ考えられるのです．また，

- I do want to eat that cake.

のように，「do＋動詞の原形」で動詞を強調したり，

- He loves her very much and so do I.

のように，同じ動詞のくり返しを避けるための代動詞としてのはたらきもあります．

「用を足す，間に合う」という意味では，たとえばこんな例があげられるでしょう．

- Any dictionary will do.

　　（どんな辞書でもいいよ．→ どんな辞書でも間に合うよ．）

- I need fifty dollars. Ten dollars won't do.

　　（私には50ドルが必要です．10ドルじゃ用を足さない．）

- "What do you think of this project?"

　"It won't do at all."

　　（「この企画どう思う？」「それじゃ，まったくダメだよ」）

29 butter someone up
ゴマをする(へつらう)

A : Carol got promoted! Can you believe that?
B : I knew this would happen.
A : What do you mean by that?
B : Come on! She's been buttering the boss up, hasn't she?

A : キャロルが昇進したんだって！ 信じられるかい？
B : こうなると思ってたわ．
A : それってどういうことだよ？
B : 今ごろ何を言ってるのよ！ 彼女はボスにゴマを すっていたじゃない，でしょ？

★ "butter" には口語で「へつらい，おべっか」という意味があります．ですから，誰かにバターを塗りたくるようにおべっかを言いまくっている場面をイメージすると，覚えやすいかもしれません．

★ "I knew this would happen."（こうなるとわかっていた．）は，事後に「やっぱりそうだったのか」という気持ちを表すフレーズで，映画の恋人同士のケンカのシーンなどにときどき出てきます．発音する際には "knew" に強勢を置くようにします．

★ "What do you mean by that?" は「それってどういう意味？」と，相手の真意を確かめるときの決まり文句です．

"What do you mean by saying that?"と言っても，ほぼ同じ意味になります．

★ここでの"Come on!"は，「今さら何を言ってるのよ，あなただってわかってるでしょ！」くらいの意味です．この"come on"という表現は，感嘆表現としていろいろな場面で用いられますから，そのニュアンスを文脈から読みとるクセをつけておきましょう．

★なお，"get promoted"は「昇進する」という意味ですが，この例文のように，口語ではしばしば受動態〈be＋過去分詞〉の"be"の代わりに"get"を用いることがありますので，覚えておきましょう．

30 a fly on the wall
盗み聞きする人

A : Sandra, can we talk now? It's about the project.
B : Sure, but let's talk in my office.
A : Why? What's wrong with talking here?
B : You see Kent over there, right? He's a fly on the wall.

A : サンドラ，今，話せるかな？ 例のプロジェクトのことなんだけど．
B : いいわよ，でも私のオフィスで話しましょう．
A : なぜだい？ ここで話しちゃまずいのかい？
B : あそこにケントが見えるでしょう？ 彼は盗み聞きするのよ．

★壁にたかっているハエのようにコソコソと盗み聞きをするという表現です．"fly"は動詞ではなく，名詞ですから，くれぐれも"He flies on the wall."(彼は壁の上を飛んでいる．)などとしないように気をつけましょう．なお，「盗み聞きする」を一語で表す動詞は"eavesdrop"です．"電信・電話などを盗聴する"ときは"tap"を用います．

★5行目の"～, right?"は，付加疑問と同じような役割を持つ表現で，「～，そうでしょ？」くらいの意味です．

31 get/have butterflies in one's stomach
心臓がドキドキする

> A : Hey! Your speech was great!
> B : Oh my gosh! I'm glad it's over.
> A : Are you all right?
> B : Yeah, I'm all right. I still have butterflies in my stomach, though.

A：ヘイ，素晴らしいスピーチだったよ．
B：やれやれ！　やっと終わったわ．
A：大丈夫かい？
B：えぇ，大丈夫よ．まだ心臓がドキドキしてるけどね．

★蝶が胃の中でバタバタと羽ばたいていたらどうでしょう．この表現の説明は次ページのコラムに譲りますが，"stomach"と，訳の「心臓」という表現の違いに注意しましょう．

★なお，同じ stomach を用いたものに，"have no stomach for 〜"という表現があります．これは「〜する気はない，〜を好まない」といった意味で，"I have no stomach for horror movies."(ホラー映画は好きではない.)などのように用います．

★2行目の"Oh, my gosh!"の"gosh"は"God"の婉曲的表現です(151ページ参照)．

コラム3　昆虫にまつわる表現

　昆虫にまつわる表現で，よく目にするのが〈have＋昆虫＋in one's 〜〉という形式を用いて，人間の感情や感覚を表す表現です．

　たとえば"have ants in one's pants"という表現の意味を調べると，「(何かをしたくて)うずうずする，(心配などで)イライラしている」とあります．この表現を直訳すれば「パンツ(ズボン)の中にアリがいる」となりますから，アリがズボンの中に入ってきて，自分の足を這いずり回っているときの"なんともいえないむずむずした気持ち，不快感"と「うずうずする，イライラする」という感情や感覚とを結びつけたわけです．

　また，"have butterflies in one's stomach"は"蝶々が何匹も胃の中でバタついている"ということですから，「不安でドキドキする，おじけづく」という意味になります．日本語では"(不安・緊張などで)胸がドキドキする"と言いますから，"胃のバタつき"とは関係がないように思われ，この表現を覚えるのに苦労する方もいるかもしれません．では，人が緊張や不安を覚えたとき，その人の胃はどうなるでしょうか？　そうです，"胃痙攣"を起こしますね．その状態こそが"蝶々が胃の中でバタついている"というイメージであるとして覚えるとよいでしょう．

　なお，その他の昆虫にまつわる表現を以下にあげておきます．想像力を働かせながら学習してみてください．

bee:
  have a bee in one's bonnet/head　（気が変になるほど)ある考えに凝っている
  put the bee on　～を鎮圧する，打ち負かす
butterfly:
  break/crush a butterfly on the wheel　小さなことに過大な力を用いる，大げさな手段を用いる
fly:
  a fly in the ointment　玉にきず，（楽しみなどの)ぶち壊し
  a fly on the wheel　うぬぼれ屋
  a fly on the wall　盗み聞きする人，気づかれずに様子をうかがっている人(30話参照)
  like flies　大勢で，多勢で
  There are no flies on～　～はまったく抜け目がない，～には非の打ちどころがない
flea(ノミ):
  a flea in one's ear　いやみ，苦言，あてこすり
  skin a flea for its hide (and tallow)
    ひどくケチなことをする〈俗語〉
louse(シラミ，複数形は lice):
  louse up　台無しにする

32 beat around the bush
遠まわしに言う

A: What do you want?
B: Well, I know you're a smart and talented person. But I'm wondering if you...
A: Stop beating around the bush! I want you to get straight to the point!
B: All right! Stop making a fool of me! I'm sick of it!

A：何の用なの？
B：あの，君は頭がいいし，多才な人だよ．でも，もうちょっと……．
A：遠まわしに言うのはやめなさいよ！　率直に要点を言ってほしいわっ！
B：わかったよ！　ぼくをバカにするのはやめてくれないか！　もう，たくさんなんだ！

★ "beat around the bush" は "茂みの中を，ヘビはいないだろうか，ムカデはいないだろうかと，あたりを棒でたたいて確かめながら進んでいる" ところをイメージするとよいかもしれません．その様子が「探りを入れながら遠まわしにものを言う」ということに通じているわけですね．
★なお，"a talented person" は "a man of talents" と言い換えることができます．この〈of + 名詞〉が〈形容詞〉と同じ

はたらきをするということも重要です．ほかにも，"a man of few words"（口数の少ない人）といった表現があります．

★また，"I'm sick of it!"（うんざりだ！　たくさんだ！）の代わりに，"I'm (sick and) tired of it."や"I'm fed up with it."を用いてもよいでしょう．"make a fool of ～"は「～をバカにする」（58 話参照）という意味で，"get to the point"は「（前置き・遠まわしな言い方などを省いて）要点を言う」という意味です．"get to ～"で「～に到着する」という意味がありますから，"〈要点〉という目的地にたどり着く"ととらえれば覚えやすいかもしれませんね．

33 burn the candle at both ends
無理をしすぎる

A : We're going to the mall. Why don't you join us?
B : Thanks. But I've got to go to work tonight. And I have an exam tomorrow.
A : Study and job, huh? You're burning the candle at both ends.
B : Yeah. Thanks anyway. Enjoy yourself.

A：私たちモールへ行くんだけど，あなたも一緒に来ない？
B：ありがとう．でも今夜は仕事に行かなくちゃ，それに明日試験があるんだ．
A：勉強と仕事ね．あなた，無理のしすぎよ．
B：そうだな．とにかくありがとう，楽しんでこいよ．

★ "burn the candle at both ends" は「ろうそくの両端から火をつける」ということから，「無理をしすぎて（複数のことに手をつけて）やがては潰れてしまう」という意味の表現です．人間をキャンドルに見立てているわけですね．
★ 例文の "have got" には口語で「～を持っている」（= have）と，「～しなければならない」（= must, be obliged）という意味があります．get, have, make などの主要な動詞に関しては，大きな辞書でその用法を一読しておくことをお勧めします．なぜならさまざまな用法，慣用句などが

存在するからです．

★ "Why don't you ～?" は「～したらどう？」と誰かを勧誘する場合に用いられます．また，文脈によっては "Why don't you mind your own business?"（自分のことだけ心配していたらどうなんだ？）などのように，遠まわしな命令として，皮肉っぽく用いられることもありますので注意しましょう．

★ "Thanks anyway" は，遊びに誘われたが用事があって行けないとき，道をたずねたが相手も知らなかったときなどに，礼を述べる表現です．"anyway" を付加することで，「(ぼくは行けないけれど／私の質問に答えてくれなかったけれど／etc.)とにかくありがとう．」という意味です．

★ なお，"enjoy oneself" は「楽しい思いをする，愉快に過ごす」という意味です．"enjoy" は他動詞ですから，後ろに目的語を伴って用いるということを覚えておいてください．「楽しんでこいよ！」のつもりで "Enjoy!" と言ったとしたら "Enjoy what?"「何を(楽しんでこいって言うの)？」などと聞き返されるかもしれません．

34 off the cuff
即席で

A : How are you doing, Lisa?
B : Fine, Taro. How was the violinist's speech yesterday?
A : His speech was really great. Moreover, he played a couple of tunes on his fiddle off the cuff.
B : I wish I'd been there.

A：元気かい，リサ？
B：元気よ，タロー．昨日のヴァイオリニストのスピーチはどうだった？
A：彼のスピーチは本当に素晴らしかったよ．そのうえ，即興で2,3曲，ヴァイオリンの演奏をしてくれたんだ．
B：私もその場にいたかったわ．

★ "cuff" は「(ワイシャツなどの)カフス，袖口」という意味ですから，"off the cuff" で，何も準備などせず，即興で芸を見せてくれる手品師をイメージするとよいかもしれません．

★ "moreover" は「そのうえ，さらに」という意味の副詞です．"besides" で代用することもできます．

前置詞のイメージ 1　at

　at の基本的意味は「ある一点」を示すことにあります．たとえば，"at this point"（この地点で）のように「狭い一点」を示します．また，「全速力で」を表す"at full speed"の at はスピードメーターの「目盛りの一点」を示していると考えられます．

　そこから意味が広がり，時間の世界では「狭い時間」→「瞬間」を表すことになります．ですから，"at seven o'clock"（7時に）という場合は，7時ちょうどの「瞬間」を示すわけです．

　これらのことは，「ポジション」としての点，「時」としての点ととらえると，ニュアンスがよくわかるでしょう．

[ポジション]
- at the top of the class　　　「クラスのトップで」
- at the bottom of the class　「クラスのビリで」

[時]
- at midday　　　「正午に」
- at the moment　「今のところ，ちょうど今」

[目標]
- aim at 〜　　　「〜を狙う」
- laugh at 〜　　「〜を笑う」

[状態]
- at work　　　「仕事中」
- at ease　　　「くつろいで」

35 call it a day
これで切り上げる

A : What time is it now?
B : It's ten minutes past five.
A : Let's call it a day.
B : Why not?

A : いま何時だい？
B : 5時10分過ぎよ．
A : 今日はこれで切り上げよう．
B : そうね．

★「今日はこれで1日としての区切りをつけよう．」という表現で，仕事に区切りをつけて帰ろうとするときに用いる表現です．

★ところで，「～時～分過ぎ」，「～時～分前」などといった時刻の表し方は大丈夫でしょうか？ 「～分前」の場合は "to"，「～分過ぎ」の場合は "past" を使うのが基本です．たとえば，〈8:50〉なら "It's ten (minutes) to nine."（= eight fifty），〈11:12〉なら "It's twelve (minutes) past eleven."（= eleven twelve）などと言います．

★なお，"Why not?" という表現は，相手の言った否定文を受けて，「どうしていけないの？」と理由の説明を求める場合と，相手の提案・勧誘に対して「いいとも，もちろん」などと承諾を表す場合とがありますので，文脈からの

判断が大切になります．ちなみに，この例文では後者の意味で用いられています．

---

call

callの基本的意味は「呼ぶ，呼びかける」ですが，とくに「神が〜せよと命じる」という意味から，名詞callでは「天職，使命」という意味を持つようになりました．日常会話の中では「誰かに電話をかける」，「出席をとる：call the roll」などでよく用いられます．

- They called me names.
    （彼らは私をののしった．）
- The football game may be called off on account of rain.
    （フットボールの試合は雨のために中止になるかもしれない．）

上の例文で，call 〜 names は「〜をののしる」，call off は「中止する，（約束などを）取り消す」の意味です．

36 speak of the devil
噂をすれば影

A : Takashi will marry Kaori next month.
B : He must be extremely happy.
A : You bet!
B : Well, speak of the devil. Here he comes.

A：来月，タカシがカオリと結婚するんですって．
B：彼はとってもハッピーに違いないね．
A：絶対よ！
B：おっ，噂をすれば影とやらだ．彼がやってきたよ．

★日本でも，おばけの話をしていると霊が寄ってくる，と言われます．おそらくそれと同じように「悪魔の話をすると……(本当に悪魔が現れる)」ということでしょう．そこから「噂をすれば影」という意味が出てきているようです．
★ここでの must は「～に違いない」という〈推量〉を表しています．ここで注意したいのが，〈推量〉の意味での must の否定形は cannot である，ということです．上の例文を使うなら，"He mustn't (= must not) be extremely happy." では「彼は極度にハッピーであってはならない」という〈禁止〉を表すことになってしまいます．「～のはずはない〈否定的推量〉」と言いたいのなら "He can't (= cannot) be extremely happy." と言いましょう．
★なお，"You bet!" は「もちろん～さ，きっと～だよ，

絶対だよ！」という，強い肯定を表す決まり文句です．また，"Thank you."と礼を言われたときの返答として，"You bet."（どういたしまして．）と用いることもありますので覚えておきましょう．ついでですが，お礼に対する返答の仕方としては，"You're welcome."のほかに，"Sure thing."（いいとも，もちろん，承知した．）や"Don't mention it."（いいってことよ．），"Forget it."（気にすんなって．）などがあります．

37 | lay/put one's cards on the table
手の内を見せる

A : It seems like there's no way for me to know what you're thinking.
B : Really?
A : Yeah. Why are you grinning? Lay your cards on the table!
B : Well, I've got a new job this month.

A：君が考えていることはぼくにはまったくわからないよ．
B：そぅお？
A：なんだよ．何をニヤニヤしてるんだよ？ 君の手の内を見せたらどうなんだ！
B：じつはね．今月から新しい仕事に就いたのよ．

★トランプですべてのカードをテーブルの上に並べるということは，自分の手の内をすべて明らかにすると言うことです．
★ "There's no way for someone to 〜." (誰かが〜するのは絶対に無理だ.)という表現も一緒に覚えておくとよいでしょう．また，からかい半分の "Really?" の用い方もなかなかおもしろいですね．なお「笑う」にも，smile（微笑む），laugh（声を出して笑う），chuckle（クスクス笑う），grin（ニヤニヤ笑う），ridicule（嘲笑する）などがあります

ので，使い分けられるようにしておきましょう．

> **前置詞のイメージ2**　in
>
> in の基本的な意味は「囲い」「包括」「範囲」にあります．それも，前後左右だけでなく，上下をも含む立体的な空間にかかわっています．
>
> したがって，in の基本的なイメージは，単に「中に」というだけではなく，「周りから包み込む」イメージであると言えます．物理的には in the room「部屋の中に」，in a suit「スーツを着て」などのように用いられ，時間的に包み込むと，in the morning「午前中に」，in a few minutes「2, 3分で」，in spring「春に」，in the twentieth century「20世紀に」のようになるわけです．時間的・空間的広がりがあり，「その中で」「その範囲で」というイメージがつかめると思います．
>
> さらにこの「包み込む」が抽象化して，「状況，状態」を表すようになります．
>
> - in good health   「健康で」
> - in anger   「怒って」
> - in business   「商売をして」
> - (sit) in a circle 「輪になって(座る)」
> - in effect   「事実上，実際のところ，有効な」
> - in earnest   「本気で，まじめに」

コラム4　トランプにまつわる表現

　そもそも，トランプのことを英語では cards と言い，「トランプをする」は play cards と言います．

　トランプは非常にポピュラーなゲームですから，それにまつわる表現もいくつか存在しますが，イディオムで出てくるのは "spade"（スペード）と "ace"（エース），"card(s)"（トランプ札）くらいのものです．

　"spade" に関しては "in spades" という表現があり，その意味は「断然，はっきりと，率直に，容赦なく」などです．これはブリッジと呼ばれるゲームにおいて，ひと揃いのスペードが断然に強いことに由来しています．また，"call a spade a spade"（直言する，あからさまに言う）という表現もありますが，こちらは「踏鋤（先端が刃状のシャベルに似た農具）」という意味の "spade" に由来しています．と言っても，トランプの "スペード" もここから派生してきていると思われます．スペードのマークを下向きにすれば踏鋤と似ていますから．

　"ace" には当然のことながら "最上の手" といったイメージがあるようです．多くのトランプゲームで切り札として用いられる "ace" ですから，納得がいきますね．イディオム表現としては "ace in the hole"（最後の切り札，奥の手）や "play one's ace"（最善の手段を用いる）などがあります．"ace in the hole" は，一種のポーカーゲームにおける，"（手札を配り終わるまで伏せておく）エース札" に由来しています．

なお，"card(s)"に関する表現を以下にまとめておきますので，息抜き代わりにトランプでもしながら，楽しく学んでみてください．単語やイディオムは遊びながら覚えるのがいちばんですから．

card(s)：

cards and spades （自分の優越を示すために気前よく相手に与える）有利な条件

on/in the cards　たぶんありそうな，起こりそうな

throw up one's card　計画を放棄する，敗北を認める

have (all) the cards in one's hands　成算がある

have a card up one's sleeve　奥の手を用意している

play one's cards well/badly　トランプがうまい／下手，物事の処理がうまい／下手

show one's cards　（トランプで）自分の手札を見せる，自分の計画を示す

stack the cards　不正な工作・お膳立てをしておく

38 hit the ceiling
激怒する

A : I broke up with Keiko yesterday.
B : How come?
A : When she found another girl's number on the screen of my cellular phone, she hit the ceiling.
B : You should've played your part better.

A：昨日，ケイコと別れたんだ．
B：どうして？
A：ぼくの携帯電話の画面に別の女の子の番号を見つけて，カンカンに怒っちゃったんだ．
B：もっとうまく立ち回るべきだったわね．

★ "ceiling" は「天井」を意味しますから，この単語には "上限" というイメージ・ニュアンスが存在します．つまり，ここでは "怒り・我慢の限界" を示唆しているようです．"hit the ceiling" は，激怒のあまりに飛び上がって天井で頭を打ってしまった，などとイメージすると覚えやすいかもしれませんね．

★ "How come 〜?" は口語で「どういう訳で〜？，どうして〜？」という意味で，"How is it that 〜" と置き換えるとわかりやすいかと思います．文の中では "How come you broke the vase?"（どうしてその花瓶を壊したんだ？）

などと用いられます。"come" と "broke" があるので動詞が2つあるように思え，変な気がするかもしれませんが，機械的に "How come?" で「どうして？ どういう訳で？」と覚えてしまいましょう。

★なお，"play one's part well/badly" は「うまく／下手に立ち回る」という決まり文句です。

★6行目の "should've" は "should have" の省略形です。

---

hit

hit の本来の意味は「打つ，慌てる，ぶつける」ですが，"The typhoon hit the Hiroshima area very hard."（その台風は広島地方にひどい被害を与えた．）のように，「（被害などを）与える」という場合にもよく用いられます．会話表現としては，"Let's hit the road."（旅に出よう，89話参照）などがあります．

- I hit it off with the new roommate.
  （私は新しいルームメイトとうまが合う．）
- You'll hit the roof if you are told the full truth.
  （もし君がすべての真相を聞いたら，君はカンカンに怒るだろう．）

上の例文で，"hit it off with" は「～と仲良くやる，折り合う」の意味です．また，"hit the roof"（117話参照）は「かんしゃくを起こす」で，"hit the ceiling" と同じ意味になります．

39 (as) cool as a cucumber
落ち着きはらって

A : We will be standing on that stage in ten minutes. Can you believe it?
B : Putting that aside, what do you wanna have for dinner?
A : Dinner? How come you're as cool as a cucumber?
B : Cool? Me? I am nervous! Look at my hands. They're shaking!

A : ぼくたち，10分後にはあのステージに立ってるんだよ，信じられるかい？
B : それはそれとして，夕飯は何を食べたい？
A : 夕飯だって？　お前，どうしてそんな風に落ち着いていられるんだ？
B : 落ち着いてるですって？　私が？　私だってナーバスになってるわよ！　私の手を見てよ，震えてるわ！

★日本語でもキュウリに"涼・冷"といったイメージがあります．この点は英語でも同じようですね．
★3行目にある"Putting/Setting that aside,"は「それはそれとして，その件は横に置いといて」という副詞句です．"By the way,"などと同様に，話題の転換を図りたいとき

に用いる表現です．

★同じ行の"wanna"は"want to"のことです．日常会話においては，want to は一般的には wanna で代用されますので注意しましょう．

★また，"I am nervous!"という表現ですが，このように「(落ち着いてなんかいないわ，) ナーバスになってるわよ！」と強調したいときは"nervous"にではなく，"am"に強勢をおいて発音します．つまり，"ナーバスに('なっていない'ではなく) なっている"という現状を強調しているわけですね．

40 keep one's distance (from someone or something)
接触を避ける

A : Damn it!
B : Calm down, Bobby. Tell me what happened.
A : It's Taro! I don't know why he always picks on me!
B : I think you'd better keep your distance from him for a while.

A : 畜生っ!
B : 落ち着いて,ボビー.何があったのか,話してみなさいよ.
A : タロウのことなんだ! あいつが,どうしていつもぼくのことをからかうのかわからないよ!
B : しばらくの間,彼との接触を避けたほうがいいんじゃない?

★ "keep one's distance from～", つまり"～から自分の距離を保て"ば,必然的に「～との接触を避ける」ことになりますよね.

★ "Damn it!" は俗語で「しまった,いまいましい!」という意味です. dammit とも書きます. damn には動詞として「～を悪い／ダメだと決めつける,～を破滅させる,(神が人間を)地獄に落とす,ののしる」などの意味がありますので,ついでに覚えておきましょう.

★ "Calm down."は,「落ち着いて.」と,興奮した相手をなだめる表現のひとつで,ほかに"Take it easy!"や"Chill!"などがあります.また,"pick on 〜"は話し言葉で「〜のあら探しをする,〜をいじめる」という意味ですが,pick on 〜で「〜を選ぶ,決める」という意味もあります.なお,"for a while"は「しばらくの間」という副詞句です.

41 over the hill
ヤマを越して

> A : Look at his ERA (earned run average).
> B : It's really bad, isn't it?
> A : It seems that he's over the hill.
> B : You said it. Maybe it's time for him to retire.

A : 彼の ERA(防御率)を見てみろよ．
B : ひどい成績じゃない？
A : どうやら彼も最盛期を過ぎたようだな．
B : まったくその通りね．そろそろ引退する時期かもしれないわね．

★ "over the hill" という表現は，日本語訳とほぼ同じなので覚えやすいですね．ただし，例文のように「最盛期を越えて」という意味と「(事が)難関・ヤマを越えて」という意味の２つがあります．後者の例としては，"How's his condition? —— It's over the hill."(彼の容態は？——峠は越えましたよ.)といった感じです．どちらの意味でも用いられるということを覚えておいてください．

★ "You said it." は「まったくその通りだね．」と同意を表す俗語で，"You can say that again." と言い換えることができます．もっとシンプルに "Exactly." だけでも，十分に"同意"を表すことができます．

42 put the cart before the horse
順序を誤る

A：What are you doing? You're putting the cart before the horse!
B：What?
A：I think before you pay for a parking space you should buy a car!
B：I know, but I got excited.

A：何をやってるの？　順序が逆じゃない！
B：なんだって？
A：駐車場を確保する前に，まず車を買わなくちゃ．
B：わかってはいるんだけどさ，もううれしくて．

★馬車を思い浮かべてください．馬の後に荷車が続くべきなのに，荷車が先に来てしまっては意味がありませんね．そこから「順序を誤り，意味がなくなってしまう」という意味になっているようです．
★なお，同じ cart を用いたものに，"in the cart"（困って，ひどい目にあって）という俗語表現もありますので，ついでに覚えておきましょう．

43 let the cat out of the bag
口をすべらす

A : How dare you tell my secret to Julie?
B : Er ... well ....
A : I told you not to tell her about it! You know she has a big mouth, don't you?
B : I know. I just let the cat out of the bag. I'm sorry.

A : よくも私の秘密をジュリーに話したわね！
B : えーと……その…….
A : そのことは彼女には内緒だって言ったじゃない！あの娘がおしゃべりだって知ってるでしょう？
B : あぁ，知ってるよ．つい，口をすべらせてしまったんだ．ごめんよ．

★ "let the cat out of the bag" はおもしろい表現ですね．ペットの持ち込みが禁止されている乗り物の中で，猫がひょっこり頭を出してしまい，車掌さんに怒られているところをイメージするとよいかもしれません．
★ "How dare you ～?" は「よくも～してくれたわね」という意味ですが，この "dare" は「あえて～する勇気がある，あつかましくも～する」という意味の助動詞であり，したがって後に続く動詞は〈原形〉を用いることになります．また，"have a big mouth" は「ペラペラ（と大声で）しゃ

べる」という表現です.

★2行目にある"Er...", "well..."といった口ごもりの表現ですが, 自分が話していて言葉につまったときなどに役立ちます. ほかにも, 間をつなぐ表現として"you know,", "I mean,"などがあります.

★なお,「失言する」という意味では"make a slip of the tongue"や"let one's tongue slip",「うっかりしゃべる」という意味では"come out with ～ inadvertently", "blurt out"などもありますので, 余裕のある人は全部まとめて覚えてしまいましょう.

44 | go to the dogs
ダメになる

A : Have you heard anything from Steve recently?
B : Nothing.
A : That's what I thought.
B : You know, he went to the dogs after he went bankrupt.

A：最近スティーブから何か連絡があったかい？
B：なんの音沙汰もないわ．
A：やっぱりそうか．
B：彼，破産してから落ちぶれてしまったわね．

★ "go to the dogs" は「ダメになる，堕落する，破滅する」などの意味です．辞書をめくってみると，英語の dog には "くだらない，ずるい，ダメな" などといったネガティブなイメージがあるようです．その一例として "(as) sick as a dog" という表現がありますが，これは「ひどい病状にある」という意味です．なお，"go to the dogs" には「ドッグレースに行く」という意味もありますので，頭の片隅に置いておきましょう．また，定冠詞の the がついていること，dogs と複数形になっていることに注意してください．

★ "That's what I thought." は「それはまさにぼくが思っていたことだ．」という意味ですが，この "what" に注意

ましょう．ここでの"what"は先行詞を含む関係代名詞です．時間のある人は，教科書や文法書にあたって，もう1度おさらいしておきましょう．

★なお，"go bankrupt"は「破産する」という表現ですが，この場合の"go"は「(ある状態)になる」という意味です．

---

tell と speak

tell の基本的な意味は，「区別する，知らせる，話す」で，事実や意志を言葉にして相手に伝えるということです．相手に自分の意志を伝達することは「理解させる」という意味も含むので，tell は判断や区別までも表します．

- Could you tell me the way to the station?
    (駅へ行く道を教えていただけませんか？)

speak の基本的な意味は「言葉を発する」ということです．基本的には talk と同じですが，言語によるコミュニケーションの能力を述べる場合は speak しか用いられません．つまり，"Can you speak English?"という文は成立しますが，"Can you talk English?"という文は成立しません．

また，speak は talk より内容に論理的一貫性のある話をする意味が含まれるので，speak ひとことで「演説をする」「重要な事柄を話す」という意味になります．

- Jim is good at speaking in public.
    (ジムは人前で話をするのがうまい．)

コラム5　動物にまつわる表現

"dove"（鳩）が平和の象徴であるように，動物を表す単語もさまざまなイメージを担っています．

たとえば"dog"（犬）には，基本的に"ダメな，惨めな，権力に弱い"といった，ネガティブなイメージがあるようです．"go to the dogs"は「破滅する，堕落する」，また"like a dog with two tails"は「大喜びで，いそいそと」という意味です．前者には"（捨て犬・野良犬のように）落ちぶれた"というイメージがあり，後者には"主人に対して尻尾を振ってへつらう犬"（尻尾を振るあまりに2本に見える）というイメージがあります．また，"a dog in the manger"は「意地悪な人」という意味で，こちらはイソップ物語に由来しています．

また，"cat"（猫）も，基本的には"ずる賢い，卑しい"などのネガティブなイメージを持つようです．たとえば，"like something the cat (has) brought in"（くたびれ果てて，薄汚れて）や"turn (the) cat in (the) pan"（裏切る，寝返る）などがあります．また，"let the cat out of the bag"（秘密を漏らす，43話参照）や"put the cat among the canaries"（騒動を起こす）などの表現では"何かトラブルを引き起こしそうな存在"というイメージを持ちます．

なお，その他の動物に関するおもだった表現を以下にまとめておきますので，余裕のある人はまとめて覚えましょう．

dog:
  put on (the) dog　気取る，すまし込む
  dog's life　惨めな生活
cat:
  like a cat on hot bricks　そわそわして，イライラして落ち着かずに
  Has the cat got your tongue?　どうして黙り込んでいるんだい？
mouse/rat:
  mouse and man　あらゆる生きもの
  like a drowned mouse/rat　びしょ濡れになって，濡れねずみで，しょんぼりして
  smell a rat　（策略・陰謀などを）かぎつける，感づく
horse:
  beat a dead horse　済んだことを蒸し返す
  hold one's horses　はやる心を抑える，我慢する
bird:
  a bird in the hand　現実の利益，確実なもの
  a bird in the bush　予想される利益，不確実なもの
  the bird in one's bosom　良心，内心
  for the birds　つまらない，価値のない

45　at the end of one's rope
我慢の限界に来ている

A : I'm quitting! I can't stand my boss's attitude!
B : Don't jump to any conclusions.
A : I'm at the end of my rope!
B : Everything'll be all right. Let's go for a drink and forget about it, okay?

A : もう辞めてやる！　ぼくに対する上司の態度には，我慢できない！
B : そう結論を急がないでよ．
A : ぼくは我慢の限界に来てるんだ！
B : 何も心配することはないわよ．飲みに行って，そんなことは忘れましょう．いいわね？

★ "at the end of one's rope"は，がけの端からぶら下がったロープの末端に必死にしがみついて我慢しているけれども，もう我慢の限界だ，というイメージです．"I can't stand with ～"や"That's enough."なども「～にはもう我慢できない／もうたくさんだ」という，ほぼ同様の意味になります．なお，同じ"end"を用いていても"come to a dead end"と言うと「行き詰まる」という意味になります．

46 wet behind the ears
青二才

A: We're in trouble now.
B: What's happened?
A: Jiro screwed up everything.
B: I told you. He's still wet behind the ears.

A: まずいことになった.
B: 何が起こったの？
A: ジロウのやつがすべてを台無しにしてしまったんだ.
B: だから言ったでしょ. 彼はまだ青二才なのよ.

★ "wet behind the ears"は, 生まれたての赤ん坊のように両耳の後ろがじっとりと濡れている, といったイメージです.

★ "be in trouble"というフレーズは「困難の状況にある」という意味で, 切迫した一大事のときなどに危機感をもって用いる表現です.

★ "screw up"は「へまをしでかす, (物事を)台無しにする」という意味で, 日常会話ではしばしば耳にする表現です.

★ また, "I told you."は, 助言・忠告をしてあげたのに, それを聞かずに失敗をしてしまった相手に対して「だから言ったでしょ.」と用いる表現です.

47 make both ends meet
家計をなんとかやりくりする

A : Is there a vacancy in your department? Keiko is looking for another job.
B : There is a vacancy, but doesn't she work for XYZ Company?
A : Yes, she does. But with her small salary, she can't make both ends meet.
B : So she wants to work part time, is that right? Okay. I'll think about it.

A : 君の部署に空きはないかな？ ケイコが（もうひとつ）仕事を探してるんだ．
B : あるにはあるけど，彼女は XYZ カンパニーで働いてるんじゃないの？
A : そうだよ．でも，彼女の少ない給料じゃ家計のやりくりができないのさ．
B : じゃあ，パートタイムで働きたいってことなのね？ わかったわ．考えてみる．

★「両端を合わせる」ということですから，家計簿に向かって収入と支出を合わせるのに四苦八苦しているところをイメージすれば覚えやすいかもしれません．ところで，この"make both ends meet"の"make"は使役動詞の典型的な例ですね．〈make/have＋目的語＋動詞の原形〉とい

う構文をしっかり頭にたたき込んでおきましょう．

★ "I'll think about it." は「考えておくよ．」と言うときの決まり文句です．

★ なお，「～に勤務する」と言いたいときは "work at/in/for ～" などのように言います．"at" の場合は〈勤務先〉，"in" の場合は〈場所〉，"for" の場合は〈職種・会社名〉に意識が置かれています．以下にそれぞれの例をあげておきますので，参考にしてみてください．"work at a restaurant"（レストランで働く），"work in a factory"（工場で働く），"work for Sony"（ソニーに勤務する）．ちなみに，このような言い方もあります．"I'm engaged in the publishing/mass communication business."（出版業界／マスコミで働く．）．

★ "There is a vacancy." の is に強勢を置くことで，「確かに〈空きが〉ある」というニュアンスを表すことができます．

48 green with envy
羨ましくてしょうがない

A : Kurt was stamping his feet with chagrin.
B : Yeah, he seemed to be surprised by the beauty of this car.
A : He ought to be. This car is much better than his. Did you look at his face?
B : Yes, I did. He was green with envy.

A : カートったら, じだんだ踏んで悔しがってたわね.
B : そうだね. この車の美しさに驚いてたようだ.
A : 当然よ. 彼の車に比べたら, こっちのほうが断然にいい車だもの. 彼の顔, 見た？
B : あぁ, 羨ましくてしょうがない様子だったね.

★日本語では顔色を表すのに"green"(緑色)を用いることはまずありませんが, 英語では"green"を用いるようですね. ただしこれは,「青信号」を英語では"blue light"ではなく"green light"と言うように, 日本語と英語の"色"に関する意味範疇が異なることに起因するようです. このように, 第2言語を学習するときには, 母語との意味範疇の差異を知ることも大切な要素のひとつとなります. ちなみに,「赤信号」は red light です. ここでの"green"は, イメージとしては, "自分が持っていない緑の絵の具を, 隣の席の子が持っているので羨ましくて仕方がない"

などとして覚えるとよいかもしれません．
★なお，1行目にある"stamp one's feet with chagrin"は「悔しさにじだんだを踏む」という表現です．一緒に覚えておきましょう．

> **前置詞のイメージ 3** with
>
> with の原義は"against"で，withstand「逆らって立つ→持ちこたえる」や withdraw「逆らって引く→引っ込める」にその名残が見られますが，中世にいたって「同伴」「一致」「所有」(まとめて「結合」とする)など，さまざまな意味を持つようになりました．
>
> with の基本的イメージは「人と人が一緒に」の意味の「同伴」ですが，心理的レベルにまで意味範囲を広げると，"agree with you"「君に賛成する」(一致)，"sympathize with you"「君に同情する」(対象)のようになります．
>
> 人が「状態や物事と一緒に(伴って)」を表すのがいわゆる「付帯状況の with」です．
> - I couldn't walk with my eyes open because of a sand storm.
>   (砂嵐のために私は目をあけたまま歩けなかった．)
>
>   さらに，"shiver with cold"「寒さに震える」(原因)，"meet with bad weather"「悪天候にあう」(対象)のように使うこともあります．「物が物と一緒に」の場合は，"mix A with B"「A と B を混ぜる」(対象)のようになります．

49 on the dot
きっかりに

A : Where's Lisa?
B : She's left.
A : When?
B : She left the office at five on the dot. She said she was going to meet someone.

A : あれ，リサは？
B : もう帰ったわよ．
A : いつ？
B : 5時きっかりにオフィスを出たわ．誰かと会うようなことを言ってたわよ．

★〈時間〉という概念のとらえ方として，それは"今"という点(dot)が連なったものである，と言われることがあります．"on the dot"は"(少しもずれることなく，約束・予定の)時点の上に"ということですから，そのあたりから「(時間に)きっかりと」という意味が出てきたと理解すればよいでしょう．

★ "She's left." の 's は現在完了(彼女は帰ってしまった．ゆえにここにはいない．)の has が短縮されたものです．とくに口語では短縮形が多用されますので，is か has か，それとも〈所有〉を表す 's かといったことは，文脈から判断できるようにしておきましょう．

50 be all ears
耳を澄ませて聞く

A : (Sigh …)
B : Tell me what happened.
A : I went out for dinner with my girlfriend last night. But ….
B : Go on. I'm all ears.

A : (ため息……)
B : 何があったのか，話してごらんなさいよ．
A : 昨晩，彼女と夕食を取ろうと思って外出したんだ．でも……．
B : 続けて．ちゃんと(耳を澄ませて)聞いてるから．

★通常，"Go ahead.", "Go on."(どちらも「続けて．」と相手をうながす表現)といった表現の後に続けて「ぼくはちゃんと耳を澄ませて聞いてるよ」と相手を安心させる表現です．"体中に耳がついていて，どんな小さな音も逃さない(くらいしっかりと聞いている)"ところをイメージすると覚えやすいかもしれません．同じ"ear"を用いた慣用句に"turn a deaf ear (to ～)"という表現がありますが，こちらは「(～に)耳を貸さない」という意味です．

51 lose face
面子(メンツ)を失う

A: It's almost impossible to finish this up in three days!
B: You don't have time to complain, do you?
A: This project is beyond our capability in the first place.
B: If we give it up now, we're going to lose face! Is that what you want?

A: これを3日で仕上げるなんてほとんど不可能よ！
B: 不平を言っている時間なんかないんじゃないのか？
A: このプロジェクトは，初めからわれわれには無理だったのよ．
B: もしここであきらめてしまったら，われわれは面子を失うことになるんだぞ！ それでもいいのか？

★ "lose face" は「面子を失う」という日本語訳そのままの表現ですね．逆に「面目を保つ」と言いたいときは "save face" を用います．2つの表現をセットにして覚えておきましょう．

★ "give up 〜"(〜をあきらめる) という表現に関してですが，"〜を"の部分がit/this/youなどの代名詞のときは，

例文にあるように，それらを give と up の間にもってきます．また"〜を"の部分が名詞のときは，"give up my job"などのように，それらを後ろに回しますので注意してください．

★ "beyond one's capability"は「〜の能力を超えている」という意味です．なお，"finish up 〜"は，ここでは「〜を完成する，仕上げる」という意味ですが，"finish up a cup of tea"(1杯の紅茶を飲み干す)のように「食べ／飲み終える，〜を使い果たす」という意味や，"finish up dead"(最後には死んでしまう)のように「結局〜の羽目になる，最後には〜となる」といった意味もありますので注意しましょう．

★ "Is that what you want?"は，日本語でいう「それでもいいのか？」という表現が用いられるような文脈で多用されます．ひとつ注意したいのが"what"で，これは，いわゆる"先行詞を含む関係代名詞"です．ちなみに"that"は，前に述べたことを指す指示代名詞で，先行詞ではありませんので気をつけましょう．

コラム6　体の部位にまつわる表現1

　体の部位にまつわる表現は非常に多く存在します．それだけに，"head"（頭），"face"（顔），"hand"（手），"foot"（足）などの各部位が担う意味範疇というものを，大まかに整理して覚えておく必要があるのです．〈コラム6〉と〈コラム7〉の2回にわたって，体の部位にまつわる表現をまとめてみましたので，ポテトチップスを片手に読んでみてください．まずは頭・顔・首などに関する表現です．

　たとえば"Don't put your head out of the window."（窓から頭を出さないでください．）という表現がありますが，日本語ではふつう「窓から"顔"（や手）を出さないでください．」と言います．英語の"head"は"首から上の部分全体"を指しており，"head office"（本部）や"head coach"（監督）などが示すように「上（層）部の，トップの」，"per head [= per person]"（1人につき）が示すように「人数，1人分」，"use one's head"（自分の頭を働かせる）が示すように「頭脳，能力」などの意味を持ちます．

　これに対し，"face"は"save/lose face"（面目を保つ／失う）や"have two faces"（裏表がある，二心を抱く，[言葉などが]二様にとれる）などの表現が示すように，"表面的な"といったニュアンスを持ち，「顔色，面目，表面，局面」などの意味があります．

　ある表現において，"その部位の外見"（例：from

head to feet／頭のてっぺんからつま先まで，まったく），"その部位の機能"（例：eyes and no eyes／観察力のすぐれている人とそうでない人），"その部位を含んだ事象から喚起される状況や感情"（例：show one's teeth／怒る，威嚇する，歯向かう）のうち，どれに着目して用いられているのかを考えながら，学習することをお勧めします．ときには"故事・伝説などに由来を持つ"（例：long in the tooth／年老いて，盛りを過ぎて［老齢の馬の歯が，歯茎が縮んで長く見えることから］）場合もありますのでお忘れなく．

head：
  shake/nod one's head　首を横/縦に振る，同意しない／同意する
  head over heels　まっさかさまに（62話参照）

face：
  put a bold/brave face on　〜を平気な顔をして我慢する
  keep a straight face　真顔を保つ
  fall flat on one's face　失敗に終わる

neck：
  get it in the neck　ひどく攻撃される，罰せられる，叱られる，ひどい目にあう
  give it in the neck　ひどく攻撃する，罰する，叱る，ひどい目にあわせる

round one's neck　重荷・足手まといになって

eye：

close one's eyes to　〜を無視する

have eyes for　〜に興味・関心がある

have an eye to　〜に注目する，〜に気をつける

ear：

wet behind the ears　（人が）未熟な〈口語〉，青二才の(46話参照)

have itching ear　（珍事などを）聞きたがる

tickle someone's ear(s)　お世辞を言って〜を喜ばす

up to the/one's ear　抜き差しならなくなって〈口語〉，〜に深く巻き込まれて

by the ear　手荒に，無理やりに，不和で／に

nose：

make someone's nose swell　〜を羨ましがらせる

follow one's nose　（鼻の向いている方向に）まっすぐ進む，本能のままに進む

turn up one's nose at　〜を軽蔑する〈口語〉，〜を鼻先であしらう

keep one's nose clean　面倒なことに巻き込まれないようにする，悪いことをしないでいる

mouth：

down in/at the mouth　意気消沈して〈口語〉，しょげ返って，弱りきって(79話参照)

make a poor mouth　貧乏だからと言い訳をする

　　make someone's mouth water　～によだれを出させる，～を…が欲しくてたまらなくさせる

　　fix one's mouth for　～の準備をする

tooth/teeth：

　　in the teeth of　～に面と向かって

　　to the teeth　完全に，寸分のすきもなく

hair：

　　let one's (black) hair down　遠慮なくふるまう〈口語〉，羽を伸ばす，くつろぐ(106話参照)

　　against the hair　毛並みに逆らって，性分に反して，不本意に

　　by a hair　僅差で，間一髪で(59話参照)

　　get in someone's hair　～をいらだたせる〈俗語〉，悩ます，うるさがらせる

52 on the fence
どっちつかずの態度をとる

A: How was the meeting?
B: We didn't reach an agreement, though I'm for the matter.
A: How about Junichi? Is he for or against?
B: Well, I don't know. He was sitting on the fence and didn't say anything.

A：会議はどうだった？
B：同意に達しなかったよ．ぼくはこの件に関して賛成なんだけどね．
A：ジュンイチはどうだったの？　彼は賛成なの，反対なの？
B：どうだろう，わからないよ．彼は何も言わずにどっちつかずの態度をとっていたからね．

★ "on the fence" は，自分はどちらの立場も取らずに，フェンスに腰掛けて傍観している人をイメージするとよいでしょう．なお，同じ fence を用いた "mend（one's）fence"（仲直りする）という表現もあります．直訳は「フェンスを修復する」ということですから，"人の絆をフェンスに見立て，修理している" と理解すればよいでしょう．
★前置詞の "for" と "against"，大丈夫でしょうか？　ともに be 動詞に続いて「～に対して賛成（be for ～）」，「～

に対して反対(be against 〜)」を表します．また，似たようような表現に"pro(賛成)"と"con(反対)"というのもあり，"the pros and cons of 〜"と言うと「〜についての賛否・善し悪し」という意味になります．

★ "reach an agreement"は「合意に達する」という表現ですが，"reach"の代わりに"come to/arrive at"などを用いることも可能です．この表現のように，イディオムに限らず，英語を学習する際には，コロケーションに注意することも大切なポイントです．コロケーションに注意することによって，前に述べた，単語の持つ意味範疇というものが自然と身についてくるからです．

53　have a finger in the pie
〜に関与している

A : Do you know what happened between Rika and Nobu?
B : Don't ask me.
A : Rika was crying in the cafeteria.
B : Why don't you ask Natalie? I heard that she had a finger in the pie.

A：リカとノブの間に何があったか知ってる？
B：ぼくに聞くなよ．
A：リカがカフェテリアで泣いてたのよ．
B：ナタリーに聞いてみたらどうだい？　彼女もその件に関与してるって聞いたぜ．

★ "have a finger in the pie" は「(〜に)関与している，いらぬ手出しをする」という表現です．また，"have a finger in every pie" と言うと「いろいろなことに関与する，いろいろなことに余計な手出しをする」という意味になります．

★ なお，同じ finger を用いたものに "get one's fingers burned"（苦い体験をする）という表現もあり，"I got my fingers burned when I tried to cheat on the test."（私はテストでカンニングをしようとして，苦い経験をした．）のように用います．

54 hang in there
がんばり続ける

> A: Help! I'm drowning!
> B: Hang in there! I'm coming!
> A: Please! Hel … p.
> B: It's all right, I got you!

A:助けて！ 溺れちゃう！
B:がんばれ！ いま行くからな！
A:お願い！ 助け……て．
B:もう大丈夫だ，捕まえたぞ！

★ "hang in there"は，肉体的・精神的な限界に達しつつある相手に向かって「がんばれ！」と励ます表現です．"hang"には「ぶら下がる，しがみつく」などの意味がありますから，"崖から落ちかけて，必死でロープにしがみつく人を励ましている"イメージで覚えるとよいかもしれません．

★ "(I) got you."には俗語で「捕まえたぞ，見つけたぞ，引っかかった，わかった」などの意味があり，"make the gotcha"と言うと「逮捕する」という意味になります．

★ また，"I'm coming."は日本語にすると「いま行く．」となりますが，この意味において，決して"I'm going."と言わないよう気をつけましょう(119頁，78話参照)．

55 (all) Greek to me
ちんぷんかんぷん

A: How was the lecture?
B: It was Greek to me.
A: Wait a minute. Your major is psychology, isn't it?
B: Yeah. But my specialty is child psychology.

A：例の講演はどうだった？
B：ちんぷんかんぷんよ．
A：ちょっと待ってくれよ．君の専攻は心理学だろう？
B：ええ．でも私の専門は児童心理学なのよ．

★ "(all) Greek to me"で「〜は私にとってギリシャ語であるかのよう（にまったくわからない）」という表現です．
★ なお，"my major is 〜"（私の専攻は〜）は "I major in 〜" と言い換えることができますが，前置詞の"in"を忘れないように気をつけましょう．
★ psychologyは，psycho（心）+ logy（学問）ということから「心理学」という意味になります．同じように，bio（生命）+ logy で biology（生物学），socio（社会）+ logy で sociology（社会学）です．単語を覚えるときには，語源を利用すると効率的です．

前置詞のイメージ 4　to

　to の基本的意味は「方向」「到着点」を示すことです．運動，行為が向かう「方向」と，その結果の「到着点」を表します．to の次に来るものは，"from here to the station"「ここから駅まで」と場所であったり，"from Sunday to Wednesday"のように「時」であったりします．

　さらに，「到着点」が抽象化されて「到達状態」になることもあります．たとえば，"be moved to tears"「感動して，(その結果)涙を流す」，"be frozen to death"「凍えて，(その結果)死ぬ → 凍え死ぬ」などがあります．

　また，to には"It sounds good to me."(いいじゃない，私はそれでいいわよ．)のように，「～にとって」という意味もあり，この用法は日本人にとってしばしばむずかしいものとなります．というのは，for me なのか to me なのか判断がつきにくいからです．

　for を用いるか，to を用いるかは，じつは動詞によるところが大きいのです．

　これはあくまでも原則的なとらえ方であり，なかには to, for の双方を用いる動詞もあります．ですから，to を用いるか，for を用いるかという問題を克服するには，動詞とのコロケーションで覚えておくことが最善策といえます．

56 fly off the handle
カッとなる

A : Hey, what happened to your head?
B : Nothing.
A : You can't say, "Nothing", with a Band-Aid on your forehead. Come on, tell me.
B : All right. When I said, "Let's break up", my girlfriend flew off the handle and threw a vase at me.

A : まあ，その頭，どうしたの？
B : なんでもないよ．
A : 額にバンドエイドを貼っておいて，"なんでもない"はないでしょう．ねぇ，話してよ．
B : わかったよ．ぼくが"別れよう"って言ったとき，彼女がカッとなって花瓶をぼくに投げつけたのさ．

★ "fly off the handle" を直訳すると「金づちの頭が柄からすっぽり抜ける」となり，そこから「自分の感情などのコントロールを失う，カッとなる」という意味が出てきているようです．fly の代わりに go や be などを用いることも可能ですが，fly を用いたほうが "急に，突然に" といったニュアンスが強まるようです．なお，この場合の handle は車のハンドル(steering wheel)ではないことに注意してください．

★ "with a Band-Aid on your forehead"の with は〈付帯状況〉を表す前置詞で,その基本構文は〈with + O + 分詞〉です.分詞として現在分詞を用いたものと,過去分詞を用いたものがあり,"The boy was crying with his nose running."(その少年は鼻水を垂らしながら泣いていた.)〈現在分詞〉,"My grandmother was sleeping in the rocking chair with her legs crossed."(祖母は足を組んで,ロッキングチェアーに座って眠っていた.)〈過去分詞〉のように使います.また,分詞の代わりに形容詞(句)・副詞(句)が来ることもあり,この例文では副詞句が用いられています.

57 can't make heads or tails (out) of something
ちんぷんかんぷん

A : Did you understand Prof. Sato's theory?
B : No. I couldn't make heads or tails out of her explanation.
A : Me neither. But the next exam covers her theory.
B : So she said. We'd better ask for another lecture on it.

A：サトウ教授の理論，わかったかい？
B：いいえ．彼女（サトウ教授）の説明は私にはちんぷんかんぷんだったわ．
A：ぼくもさ．でも，次の試験では彼女の理論も出題されるそうだ．
B：そう言ってたわね．もう1度あの理論についての講義をしてもらうように頼んだほうがよさそうね．

★「どちらが頭なのか尻尾なのかすらわかりゃしない」という表現．55話の"(all) Greek to me"と同じ意味ですね．
★"So she said."のように相手の言ったことを受けてそれに賛同する場合は〈So＋S＋V〉という構造をとります．

58 make a fool of someone/oneself
笑い者にする／物笑いになる

A: How was the party last night?
B: It was really great!
A: Was it?
B: The best part of it was that Hiro drank too much and made a fool of himself.

A：昨夜のパーティーはどうだったの？
B：とってもよかったよ．
A：そうなの？
B：傑作だったのが，ヒロのやつが飲みすぎて笑い者になったってことさ．

★ "make a fool of someone/oneself" を文法的に訳すと「人・自分から愚か者を作り出す」となります．そこから「〜を笑い者にする／自分が笑い者になる」という意味になるわけです．また，これと似た表現に "make fun of someone"（〜をからかう，笑いの種にする）もあります．

★ ところで，"make A of B" と "make A from B" の違いは大丈夫ですか？ AとBの質が変化しないときは "of"，Bの質が変化してAになるときは "from" を用います．例をあげておきましょう．

"make a table of wood" "make butter from milk"

基本動詞のイメージ 4　make と let

make は本来,「何か材料があって,それをあるものに変化させる」という意味です.

- I made him a meal.
- The suit was made of wool.

この元来の意味から,あるものに変化させて「新たなものを存在させる」,さらに「作る」「得る」「引き起こす」「行う」など,さまざまな意味に広がっていきます.

- make money　　　　　　→「お金を得る,もうける」
- make a large profit　　→「大もうけする」
- make a noise　　　　　→「物音をたてる」
- make a face　　　　　　→「しかめっ面をする」
- make a fortune　　　　→「財産を築く」
- make an appointment　→「会う約束をする」
- make a good impression　→「感銘を与える」
- make a progress　　　　→「進歩する」
- make allowances for 〜　→「〜を斟酌する」

「新たに存在させるもの」は「物」だけではありません.動作や状況も新たに存在させますが,そこから,いわゆる使役動詞として「(強制的に人に)新たな行動を起こさせる」という意味にもなるわけです.

- I made him work hard.
- What made you so angry?
- The news made me sad.

一方 let は,「〜させる」はさせるでも,「(相手が)

自発的に〜することを許す」意味で，強制的にさせる make とはひと味違います．

・Let me know your phone number.

は，言葉通りに直訳すれば「私にあなたの電話番号を知らしめよ」ですが，ここで重要なのは，「私は知りたい」のだということです．これに対して，同じく let を用いて答えるとしたら，

・I'll let you know it later.

のようになります．

・My mother didn't let me watch TV all day long.

　この例文の場合も，私は見たかったのに見せてくれなかった，という意味です．これに対して，

・I made him come.

の場合は「(無理やり) 来させる」という意味で，強制的な感じが強く出ているのです．

　使役動詞としての let に「相手のしたいようにさせる」意味があることを理解していただけたと思いますが，これは let の根底に「許す」という意味があるからです．

　動詞や副詞と結合して，let go「放す」や let in「中に入れてやる」などのような使い方も多くあります．

59 by a hair
間一髪の差で

A : It must be pretty tough to be a news cameraman.
B : Yes, it is.
A : What's your most dreadful experience?
B : Two years ago, I was in a battlefield. And a bullet passed by my head missing me by a hair.

A：報道カメラマンっていうのはかなり大変な仕事なんでしょうね．
B：ああ，きつい仕事だよ．
A：体験した中で，最も恐ろしいことってどんなこと？
B：2年前，ぼくは戦場にいたんだけど，弾丸が間一髪の差でぼくの頭をかすめていったんだ．

★ "by a hair" の "by" という前置詞のはたらきに注意してください．ここでの by は〈差〉を表す前置詞で，"The unemployment rate dropped by five percent."（失業率が5パーセント（の差で）下がりました．）などと用いられます．なお，同じ "hair" を用いた表現に "split hairs" というのがありますが，こちらは「細々したことを言う」という意味で，"Don't split hairs. It unnerves me."（細々したことを言うなよ，ぼくの気力がなくなるだろう．）のように用い

ます."(髪の毛を1本1本分けるように)細々としたことを言う"ということでしょう.

★1行目にある"pretty"は,口語において「かなり,非常に」という意味の副詞で,"very"や"considerably"などで換言することが可能です.

前置詞のイメージ5　by

byの基本的意味は「そばに位置する」(near「近接」)です.「近接」から「通過」「経過」と意味が広がり,「媒介,媒体」を表すようになります.「媒体」は,by car「車で」のように「手段」や,by way of「〜経由で」のように「経由」と意味を広げていきます.

- She was standing by the window.　［近接］
- He came in by the back door.　　［通過］

「近接の度合い」から「差」を表すことにもなります.

- She is older than I by three years.
- He missed the train by a minute.

差を表すには「単位」が必要です.

- I am paid by the week.

よく目にする step by step(1歩ずつ)や little by little(少しずつ)なども,「単位」を表す by であると考えられます.

60 live from hand to mouth
その日暮らしをする

A : I decided to quit the job, and run a restaurant.
B : What? What are you talking about?
A : I'm serious!
B : All right. Suppose we ran a restaurant. What if things don't go well? We would have to live from hand to mouth!

A：仕事を辞めてレストランを経営することに決めたぞ．
B：なんですって？　何を言ってるのよ？
A：ぼくは本気だぞ！
B：いいわ．レストランを経営したとしましょう．もしそれがうまく軌道に乗らなかったらどうなるの？　その日暮らしをすることになるのよ．

★恵んでもらったものを手から口へ（from hand to mouth）運びながらその日暮らしをしているところをイメージするとよいでしょう．
★「～を経営する」は"run ～"を用います．また，"suppose（that）～"は「～と仮定してみよう，～と仮定したとして」の意味です．ただし，that 節の内容が現実にあり得ない場合には，例文のように仮定法になります．
★"What if ～?"は「～としたらどうなるだろう？」です．

"The boss won't object, and anyway, what if he does?"（ボスは反対しないだろうけど，たとえ反対したってかまうもんか．）のように，反語的に「たとえ～でもなんでもない／かまうもんか」の意味で用いられる場合もあります．

前置詞のイメージ6　from

　fromの原義は「起点」を示すことにあります．場所，時間，具象，抽象を問わず，いろいろな事象に対して広く用いられ，心理的レベルで「動機，視点」を示す場合にも用いられます．たとえば，act from a sense of duty（義務感から行動する），from his experience（彼の経験から）などです．

　また，「原因」「出身地」「材料」などを示す場合にも用いられます．

- He died from overwork.　　　　　［原因］
- Where are you from?　　　　　　　［出身地］
- Wine is made from grapes.　　　　［材料］

　「場所」や「時間」はもちろん，「原因」や「出身地」「材料」を表す場合にも，その基本イメージが「起点」にあることがわかります．

61 sit on one's hands
手をこまねいている

A : I can't tell her that I love her.
B : What are you afraid of? You've got nothing to lose, right?
A : I know, but ….
B : What's the use of sitting on your hands! You'll never know until you try!

A : 彼女に愛してると伝えられないよ.
B : 何を恐れてるのよ？ 失うものは何もないじゃない,そうでしょ？
A : わかってるよ,でも…….
B : 手をこまねいていたって仕方ないわよ！ やってみなくちゃわからないでしょ！

★ "sit on one's hands"は,自分で両手の上に座っているので手を出せない(行動に移せない)という状況を思い浮かべると,覚えやすいかもしれません.

★ "be afraid of 〜"は「〜を恐れる」という慣用句で,"fear 〜"という動詞一語で言い換えることができます.

★ ところで,みなさんは"until/till"と"by"という2つの前置詞の区別はできますか？ "until/till"が〈あるときまでの状態・動作の"継続"〉を表すのに対し,"by"は〈あるときまでの状態・動作の"完了"〉を表します.2つの日本

語訳は，前者が「～まで(ずっと)」，後者が「～までには」となります．参考までに例文をあげておきます．"You have to wait until next Friday."(あなたは来週の金曜日まで待たなければなりません.)，"My mother will be back by five."(母は5時までには戻ります.)．ちなみに，"by the time ～"と言うと，「～する頃までには」となります．

---

sit

sit は，本来は「座る」の意味ですが，ここから発展して「委員会のメンバーになる」「テストを受ける」など，「座る」に起因するいろいろな意味を持ちます．また「落ち着いてじっくり～する」という意味にも使われます．「(座って)じっとしている，居座る」という意味にもなります．

- I sat back and watched the turn of events.
    (私は傍観して事の成り行きを見守った.)
- Can I sit in for the conference?
    (その会議に私も参加してよろしいですか？)
- I must sit for the test next week.
    (私はそのテストを来週受けねばならない.)

上の例文で，sit back は「傍観する，深く腰を掛ける」，sit in(for/on/at～)は「(～に)参加する」の意味です．

基本動詞のイメージ5　go と come

　go の基本概念は，話し手の頭の中にあるひとつの起点から遠ざかり離れて行く動き，あるいは「こっちから向こうへ離れて行く動き」です．これに対して come の基本概念は，話し手がある目標に近づく動き，あるいは「向こうからこちらへ近づいてくる動き」です．つまり come には「（話し手のほうに）来る」「（聞き手のほうに）行く」という基本概念があるのです．

　go には「行ってしまう」「衰える」「消える」「進行する」「動く」「機能する」など，多くの意味があります．ほかに "Eggs go rotten."（卵が腐る．）のように「（好ましい状態から好ましくない状態）になる」という意味もあります．これらの意味からつかめる go のイメージは，「こちらから向こうへと移動する動き」です．

　come には「やってくる」「現れる」「起こる」のほかに，「（ある状態）になる」という意味があります．「知るようになる」は come to know で，become to know ではありません．これらの意味からつかめる come のイメージは「向こうからこちらへと移行してくる動き」です．イディオムにも，come across「～に偶然出会う」，come about「起こる，生じる」など，重要なものがたくさんあります．

　ところで，go＝「行く」，come＝「来る」と覚えている人が多く，そのために，簡単な日常会話で思わぬ間違いをしていることが多いので，注意する必要があります．

ＡとＢが電話で次のような会話をしたとしましょう．
Ａ：Please come immediately.
Ｂ：OK. I'll come as soon as possible.
　ＢがＡに「行くよ」と答えるときにcomeを用いている点に注目してください．では，これはどうでしょうか．「ご飯だから，いらっしゃい」とか，「君に電話だよ」と声をかけられて，「いま行くよ」と答えるとき，英語ではこうなります．
・I'm coming.（またはComing.）
　日本語の「行く」につられて"I'm going."とか"I'll go."と間違えやすいので，注意する必要があります．
　同じことが手紙でもよく生じます．たとえば，大阪にいる友人に「来週の日曜日にそちらへ行く予定です」と書くときは，次のようになります．
・I'll come there next Sunday.
　ここでもやはりcomeを用います．一方，両者とは別の所へ「行く」場合はもちろんgoです．
　英会話ではgoとcomeがひんぱんに使われます．go＝「行く」，come＝「来る」という固定観念を取り除くことが，自然な英語を身につける第１歩だとも言えるのです．

62 fall head over heels for someone
～に無我夢中になる

A: Don't you think Tadashi's been absent-minded recently?
B: Yeah.
A: What happened to him?
B: Between you and me, he's fallen head over heels for Saori.

A：最近，タダシが心ここにあらずって感じだと思わない？
B：そうだね．
A：彼に何があったのかしら？
B：ここだけの話だけど，あいつはサオリにお熱を上げているんだ．

★ "head over heels"は「まっさかさまに，強烈に，直情的に」という副詞句ですから，"まっさかさまに転んでしまうほど，誰かに心を奪われている"というイメージで覚えるとよいかもしれません．"for someone"を"in love"にすると，具体的な(熱を上げる)対象は言及されずに，「恋愛に夢中なのさ」という意味になります．なお，これと同じような表現に"have a crush on someone"(～に熱を上げている)というのもあります．

★ "minded"には「(～したい)意向がある，～に関心を持

っている，〜に熱心な」という意味があります．したがって，"absent-minded"のほかにも"mechanical-minded"（機械いじりの好きな），"high/low-minded"（心の高潔な／心の卑劣な）などの表現があります．

★ "Between you and me."は「2人だけの話なんだが，ここだけの話なんだが」という副詞句です．

前置詞のイメージ7　for

forは本来，fore「前に」から発生したと言われています．意味用法は多岐にわたっていますが，その基本的意味は「目的」を表すことにあると考えられます．「目的」とは「前方にあって人を引きつけるもの」，すなわち「追求の対象（要求や利益）」「目的地」などです．

ですから，新幹線の車内アナウンスなどでは，"This train is bound for Tokyo."（この電車は東京行きです．）と言います．また，"be bound for 〜"で「〜行きである」という慣用句になっていますので，決して"be bound to〜"などとしないように注意しましょう．

しかし，forはこれ以外にさまざまな意味を持っています．たとえば，「交換」のforがあります．

・I bought this book for 940 yen.（私はこの本を940円で買った．）

"I took you for your brother."（君を君の弟と間違えた．）のforも，「交換」から派生したものと考えられます．

63 blow one's own horn
自画自賛する

> A : So what do you think of Mike's painting?
> B : I don't think it's a masterpiece, though he's blowing his own horn. What do you think?
> A : Well, I know he blows his own horn, but it's a really nice piece.
> B : Seems like we have different tastes, huh?

A：マイクの絵をどう思う？
B：傑作とは言えないわね，彼は自画自賛してるけど．あなたはどう思う？
A：そうだなぁ，ぼくは彼が自画自賛するのもわかるよ．とても素晴らしい作品だと思うよ．
B：どうやら私たちは趣味が異なるようね．

★ "blow one's own horn" には「ホラを吹く，自分のことを吹聴する」という意味もあり，「自画自賛する」はそこから派生したものと思われます．日本では"ホラ貝"を吹きますが，西欧では"角(笛)"を吹くわけです．

★ "I don't think 〜." という文に関して気をつけたいのが，"I think it is not a masterpiece." とは言わないということです．つまり，従属節にある否定語の"not"は主節にくり上げられるわけです．英語には否定語をなるべく早く出すという傾向があり，think のほか，suppose, believe など

の思考を表す動詞が主節に来るときは，否定語をくり上げます．ただし，主節の動詞がhope, fearなどの場合は，"I hope he won't miss the train."(彼が電車に乗り遅れなければいいのだけれど.)のように，否定語を従属節に残しておきますので注意してください．

★ "It's a really nice piece."に関連して言えば，たとえば "He is a really nice person."(彼は本当にいい人.)と "He is really a nice person."(彼は，本当はいい人.)との，副詞の位置による違いにも気をつけたいところですね．

★ 文末の"huh"は困惑／驚き／不信／軽蔑／疑問などを表す間投詞ですが，例文のように付加疑問の代用としても用いられることがあります．

★ "What do you think?"は，youに強勢を置き，「私はこう思うけど，あなた自身の考えはどうなの？」と意見を求めています．

64 get one's head above water
困難を切り抜ける

A : Yuji made a big mistake in his business.
B : I heard about that.
A : I'm so worried about him.
B : Me too. But it won't be long before he gets his head above water. As you know, he's a tough guy.

A：ユウジが仕事で大失敗しちゃったのよ．
B：ぼくも聞いたよ．
A：私，彼のことがとても心配だわ．
B：ぼくもさ．でも，すぐに困難を切り抜けるさ．君も知ってるように，彼はタフガイだからね．

★これと似た表現で "keep one's head above water"「溺れないでいる／（財政的に）なんとかやっている」というのがありますが，能動的な動詞 "get" を用いることで，水面下に沈んでる状態（困難な状況）からなんとか頭を出す（なんとか切り抜ける）という意味になるわけです．

★ "be worried about ～" で「～のことを心配する」という意味です． "be worried" と受身になっているのは，心の状態を表しているからです．たとえば "be surprised"（驚く）， "be discouraged"（がっかりする）， "be excited"（興奮する）， "be satisfied"（満足する）なども同じです．

なお，"about 〜"という前置詞句の代わりに，"I was worried that you might be late."（君が遅れるんじゃないかと心配したよ．）などのように，that節を用いることもできます．

★ "It won't be long before (S + V 〜)" は「すぐに／まもなく〜だろう」という構文です．ここで注意したいのが"before 〜"や after, when, till などに導かれる節は〈時を表す副詞節〉ですから，たとえ未来のことを述べるときでも〈現在形〉を用いるということです．また，if や unless などに導かれる〈条件を表す副詞節〉の場合も同じで，"You can eat the cake if you do the dishes."（皿洗いをするなら，そのケーキを食べていいわよ．），"You can borrow my shirt unless you get it dirty."（汚さなければ私のシャツを貸してあげるわよ．）のようになります．ただし，"unless"（もし〜でなければ，もし〜しなければ）一語の中に〈否定〉の要素が含まれていますから，"〜 unless you don't …."などと従属節を二重に否定しないように気をつけましょう．

65 eat like a horse
山ほど食べる（大食い）

A : Hi, how are you?
B : Shopping for dinner, huh?
A : Just like you. Wow, are you buying all this stuff? Beef, onions, candy bars, ….
B : My son eats like a horse. You know, he's growing fast.

A：ハーイ，元気？
B：夕食の買出しね？
A：ええ，あなたと同様にね．まぁ，これ全部買うの？ 牛肉，玉ねぎ，キャンディーバー，……．
B：うちの息子が山ほど食べるのよ．ほら，うちの子，育ち盛りだから．

★ "eat like a bird"（食が細い）と逆の表現です．違いは鳥（bird）か，馬（horse）かだけですので，セットにして覚えておきましょう．

★ "Shopping for dinner?"のところでは主語が欠けています．このように，言及する必要がない場合，あるいは言わなくてもわかる場合には，省略がひんぱんに起こりますので注意しましょう．

★ なお，"stuff"は「（漠然とした）もの，代物」という意味で"thing"と同じです．

基本動詞のイメージ6　get

　getの本来の意味は「ある状態に達する」で，そこから「得る」「手に入れる，買う」「〜になる」などの多様な意味を持つようになりました．

- get an idea 　　　　　「考えが浮かぶ」
- get a blow 　　　　　「一発くらう」
- get a victory 　　　　「勝利を得る」
- get a cold 　　　　　「風邪をひく」

などを見てもわかる通り，getの根底にある概念はhaveとほぼ同じで「所有」を表しますが，haveは所有している「状態」に重点が置かれているのに対して，getはむしろ所有するにいたるまでの「動作」や「状態の変化」のほうに焦点が当てられていると考えられます．

　「get＋過去分詞」は受動態の一種と見なすことが可能ですが，「be＋過去分詞」の受動態が「状態」も「動作」も表すことができるのに対して，「get＋過去分詞」は，「一時的な動作」を表します．

- This letter is written in English.
- The thief got arrested by the police.
  ＝The thief was arrested by the police.

　「ある状態に達する」というgetのイメージは「get＋形容詞」（＝become）の表現形式によく表れています．

- get dark 　　　　　「暗くなる」
- get fat 　　　　　　「太る」

66 sell like hotcakes
飛ぶように売れる

A : How are the sales of our new product?
B : It's selling like hotcakes.
A : That's good.
B : We should think about making inroads into foreign markets.

A : わが社の新製品の売上はどうだい？
B : 飛ぶように売れています．
A : それはよかった．
B : 海外市場への進出を考慮すべきです．

★ "hotcake" と言えば欧米における朝食の定番です．ですから，朝のカフェなどで "飛ぶように売れて" いるのを想像するのはむずかしくないと思います． "sell" の代わりに "go" を用いることもできます．また，「ホットケーキ」のことを "pancake" と言うこともしばしばありますので覚えておくとよいでしょう．

★ "make inroads into foreign markets" は「海外市場へ進出する」という意味です．ちなみに "inroad" は「侵入，侵略，侵害」などの意味を持つ名詞です．

67 break the ice
堅苦しさを破る

A: The party hasn't come alive.
B: Exactly.
A: All right. Let's play bingo to break the ice!
B: That's a good idea!

A: パーティーが盛り上がらないなぁ.
B: まったくね.
A: よし,堅苦しさを破ってビンゴゲームでもやるか!
B: それはいい考えね!

★「(ピーンと氷のように張りつめた)緊張や堅苦しさを打ち破る」という表現です. 緊張や堅苦しさといった抽象的な概念を"氷"に見立てているわけですね. "break"の代わりに"crack"を用いても同じ意味になります. なお, "break the ice"には「(困難なことの)糸口を見つける, 口火を切る」といった意味もあります. また, 同じ"ice"を用いたものに"chop one's own ice"という米口語がありますが, こちらは「自分の利得だけを図る」という表現です. "自分の分だけの氷を切り取る"ということから, そのような意味が出てきたと思われます.

★ "come alive"は「活気づく, 盛り上がる」という意味の慣用句です.

68 turn over a new leaf
心を入れ換える

A : I'm so sorry. I'm late again.
B : Do you have a sleeping problem or what?
A : I don't have any problem, but I'm not a morning person.
B : Then I hope you'll turn over a new leaf and be punctual. Otherwise, you're gonna lose your job.

A : 大変申し訳ありません．また遅刻してしまいました．
B : 睡眠障害か何か抱えてるのかね，でなけりゃなんなんだ？
A : なんの問題も抱えておりませんが，私は朝型の人間じゃないんです．
B : それなら心を入れ換えて時間を厳守することだね．さもないと仕事を失うことになるよ．

★ "leaf" には「葉」のほかに「(本などの)1葉(2ページ分)」という意味があります．ですから，"turn over a new leaf" は，ページをめくって(心機一転)新たなスタートを切るというイメージで覚えるとよいかもしれません．
★ "or what?" は「そうでなけりゃなんなんだ？(納得のいく説明をしろ)」というニュアンスを表す表現です．ま

た.例文にあるように「朝型人間」は"a morning person",「夜型人間」は"a night person/bird/owl"などと言いますので,セットにして覚えておくとよいでしょう.ちなみに"owl"は「フクロウ」のことで,[アウル]のように発音します.

★なお,"otherwise"は「さもなければ,別の状況では,別のやり方で」などの意味を持つ副詞です.

★"gonna"は"going to"のことです.日常会話においては,going to は一般に gonna で代用されますので注意しましょう.

---

turn

turn は,本来は「回転する,回転させる,向きを変える,ひっくり返す」などの意味です.後ろに副詞(句)を伴うと,さまざまな意味を生み出し,慣用表現も豊富になります.

- Don't forget to turn off all the lights before going to bed.

 (寝る前に忘れずに明かりをすべて消しなさい.)

- We have to turn in our reports by next Tuesday.

 (私たちは今度の火曜日までにレポートを提出しなくてはいけない.)

上の例文で,turn off は「(水道,電気,テレビなどを)止める,消す」,turn in は「提出する」という意味です.

69 let someone down
失望させる,期待を裏切る

A : Can I borrow your car this weekend? I have a date.
B : Sorry, but I too have a date on Saturday evening.
A : This is my first date with Yuko. Don't let me down, please!
B : All right. But remember, you owe me a big one.

A : 今週末に車を貸してくれないかな? デートがあるんだ.
B : 悪いけど,ぼくも土曜の晩デートがあるんだ.
A : これがユウコとの初デートなんだ. あてにしてたんだからがっかりさせないでくれよ,頼む!
B : しょうがないなぁ. でも忘れるなよ,ぼくに大きな"借り"を作ったってことを.

★ "don't let me down" というフレーズはジョン・レノンの曲のタイトルにもなっている表現ですね.「期待にそむいてぼくをがっかりさせないでくれ」という意味です.
★ ところで "lend/borrow/rent" の区別は大丈夫でしょうか? 原則的には,"lend" は「〜を(無償で)貸し出す」,"borrow" は「〜を(無償で)借りる」,"rent" は「〜を(有

償で)貸し出す／借りる」となっています．
★なお，例文にある"You owe me one."は「君にひとつ"貸し"だからな．」という表現です．逆に「君にひとつ"借り"ができたな．」と言いたいときは"I owe you one."を用います．また，発音が同じことから，しばしば"I.O.U."(＝I owe you.)などと記されることもありますので，覚えておくとよいでしょう．

70 pull someone's leg
かつぐ

A : I won a lottery!
B : Oh, give me a break.
A : I mean it! Now I am a millionaire!
B : You're pulling my leg, aren't you? Aren't you?

A : 宝くじが当たったわ！
B : バカ言うなよ．
A : 本当よ！　今や私は百万長者よ！
B : ぼくをかついでるんだろう？　そうだろう？

★ "pull someone's leg" を直訳すると「～の足を引っ張る」となり，"何かをしようとしている人の邪魔をする" といったニュアンスを想起しますが，「～をからかう／バカにする，～を騙す」という意味ですから，間違えないように．日本語の「～の足を引っ張る(邪魔をする)」は "try to stand in someone's way" などと言います．

★ "give me a break" は，直訳すると「ぼくに小休止をくれよ」ですが，実際には「冗談もほどほどにしてくれよ，嘘でしょ？」といった意味で用いられます．"I mean it." は「それを本当に意図している，本気だ」と言うときの決まり文句で，日常会話では多用される表現のひとつです．

コラム7　体の部位にまつわる表現2

〈コラム6〉では頭・顔・首などにまつわる表現を学習しました．〈コラム7〉では手・足・背中などにまつわる表現をまとめてみましたので，前回と同様，各部位が担う意味範疇を頭の中で大まかに整理しながら見ていきましょう．

たとえば"hand"にまつわる表現は"at first hand"（じかに，直接に），"at second hand"（間接に，古物で），"for one's own hand"（自分の利益のために），"get one's hand in"（熟練する，コツを得る）などがあります．"at first hand"の"hand"は，「人（手）」を象徴しており，"ほかの誰でもなくその人本人が"ということから「じかに，直接に」という意味が出てきたものと思われます．"at second hand"の場合も，"ある人の手から別の人の手に渡る"ということであって，これが"ある人の足からある人の足へ渡る"だったら，なんとなく意味が取りづらいですね．

また，"get one's hand in"に関しては，熟練するために使う部位は，概して言えば，"手"（あるいは指先）である場合が圧倒的に多いのではないでしょうか．

これに対して，"foot"にまつわる表現には"feet first"（棺に入れられて，死んで）や"start on the right foot"（出足が順調である，うまくやる）などがあります．"feet first"は"亡骸(なきがら)は足から先に棺に入れる"というならわしに基づくものであり，"棺に入る"ということか

ら「死んで」という意味が派生したと思われます．一方，"start on the right foot"は「正しい足から始める」ということで，そこから「うまくやる」という意味が派生したのでしょう．

このように，各表現が体のどの部位と結びつきが強いのかという点を意識することで，より深い理解とともにその表現を覚えることができるのです．

なお，体の部位にまつわるその他の表現をあげておきますので，"結びつき"を意識しながら学習してみてください．

hand：
　　lend/give me a hand　手を貸してください
　　shake hands　握手をする
　　sit on one's hands　手をこまねいている（61話参照）
　　hand in　提出する
　　hand over　手渡す
　　hand out　配る
　　hand in hand　手に手を取って

arm：
　　put the arm on　〜を捕まえる，逮捕する
　　twist someone's arm　〜の腕をねじる，〜に強制する

leg：
　　break a leg　うまくいく，演技で成功する

get a leg in　～に取り入る，～の信用を得る

foot/feet：

catch someone on the wrong foot　～を不意に捕まえる，～に不意打ちを食らわす

find one's feet　（赤ちゃんが）歩けるようになる，（経験を積んで）自分の本領を発揮する

sit at someone's feet　～の教えを受ける

back：

behind someone's back　～のいないときに，～に内緒で，こっそり

have one's back to the wall　進退窮まる

turn one's back on　～に背を向ける，～を見捨てる，～を無視する

You scratch my back and I'll scratch yours.　持ちつ持たれつ

shoulder(s)：

shoulder to shoulder　肩を並べて，たがいに協力して，密集して

be head and shoulders above someone in …　…において～よりもはるかにすぐれている

put/set one's shoulder to the wheel　精を出す，力を尽くす，ひと肌ぬぐ

71 get/give the green light
許可を得る／許可を与える

A：Guess what?
B：What?
A：I got the green light from my boss to carry out the plan I suggested.
B：Congratulations!

A：ねぇ，聞いてよ．
B：なんだい？
A：ボスから，私が提案した計画を実行する許可をもらったの．
B：おめでとう！

★ "get/give the green light" は，自動車レースなどで信号が(赤から)青に変わった瞬間，各車がいっせいにスタートを切る，といったイメージで覚えておくとよいでしょう．もちろん，「許可」という意味の "permission" を用いて "get/give a permission" と言うこともできます．

★ 1行目の "Guess what?" はどういう意味でしたか？そうです．「あのね，何だと思う？，あててごらん」という意味で，日常会話ではひんぱんに登場する表現です．

★ なお，「おめでとう！」と言うときには "Congratulations!" と，必ず複数形で用いましょう．

72 sleep like a log
ぐっすり眠る

A : Good morning, Jeff. Did you sleep well last night?
B : Yeah, I slept like a log.
A : Good. By the way, you kicked me while you were sleeping, remember? Look at this bruise.
B : Really? Sorry. Are you all right?

A：おはよう，ジェフ．昨夜はよく眠れた？
B：あぁ，ぐっすり眠ったよ．
A：それはよかったわねぇ．ところで，あなた，寝てる間に私を蹴っ飛ばしたのよ，覚えてる？ このあざを見てよ．
B：本当かい？ それは悪かったね．だいじょうぶ？

★"ログハウス"という表現からもわかるように，"log"は「丸太，薪」という意味です．ですから，"sleep like a log"は"丸太ん棒のように（じっとして動かずに）ぐっすり眠る"，などとして覚えましょう．また，"log"には「航海／航空日誌，実験記録，工程記録」といった意味もあり，"(コンピュータへの)ログイン"はここから来ています．

73 drop a line
便りを書く

A: What was the interview with the chief about?
B: I'll be transferred to the New York branch next month.
A: Glad to hear that! Drop me a line, sometime. Okay?
B: Sure, I will.

A: 部長との面談は何についてだったの？
B: 来月，ぼくはニューヨーク支店に転勤だそうだ．
A: よかったじゃない！　ときどき，お便りをちょうだいね．
B: もちろん，書くよ．

★この場合の"line"は「(文章などの)行」という意味ですから，"drop a line"は日本語で言うところの「一筆便りを書く」に相当する表現です．また，"drop"には"ちょっと～する"といったニュアンスがあるようです．このことは"drop in"や"drop by"で「ちょっと立ち寄る」という表現があることからもわかりますね．

★「～に転勤する」は，受動態にして"be transferred to ～"と言いますので覚えておきましょう．なお，"branch (office)"という単語は「支店」という意味で，ビジネス関連の文書などでよく目にする単語です．また，"subsidiary"と言うと「子会社,付属物」という意味になり,語源的に説明すると"sub-"には"下の,下位の"という意味があります.ちなみに"subordinate"は「部下」という意味の単語です.

---

drop

　dropは,他動詞としては「〜を落とす,〜を降ろす」などの意味があります.他動詞を用いた表現には,ここで出てきた"Please drop me a line."や"Please drop me off here."(ここで降ろしてください.)などがあります.自動詞としては"Can you drop over to the store?"(ちょっとその店に寄れますか?)のように用いられます.

- Drop by for a drink if you have time tonight.
　　(今夜暇だったら一杯やりにおいでよ.)
- She dropped out of high school.
　　(彼女は高校を中退した.)

　上の例文で,drop by は「ちょっと立ち寄る」,drop out of は「落伍する,脱退する」という意味の表現です.

74 wide of the mark
的外れ

A : I appreciate your efforts, but your research is wide of the mark.
B : Which means?
A : Which means you have to do the research one more time, but in a better way this time.
B : Tell me you're kidding!

A：君の努力は認めるが，君の研究は的外れだよ．
B：と，言いますと？
A：つまり，もう一度，研究し直さなければいけないということだよ．ただし，今度はもっとうまい方法でね．
B：冗談だと言ってください！

★ "wide of ～"で「～を外れた，～を逸れて」という意味ですから，"wide of the mark"は日本語訳そのままの表現ですね．"appreciate"は「(～の価値を)正当に評価する」という意味ですが，おそらくみなさんも耳にしたことがあると思われる"I appreciate it."のように，「そのことを感謝する，ありがたく思う」という意味もありますので気をつけましょう．

★ また，"Which means?"は相手が述べたことを受けて「つまりそれって(どういうこと)？」とたずねる表現です．

"You're kidding."はみなさんもおなじみの「冗談だろう？」という意味で，"You're"を省略して"kidding"だけで用いられることもあります．

> **前置詞のイメージ 8　of**
>
> of の原義は「〜から離れて」(away from)です．同格(the city of Paris「パリという街」)や，性質・特徴(a man of courage = a courageous man「勇気のある人」)など，いろいろある of の用法のうち，「分離」「起源」の用法は from に，「関連」の用法は about に取って代わられつつあると言われています．
>
> of の基本的イメージである「分離」と「起源」がよく表れている表現をあげてみましょう．たとえば，
> - be independent of 　　　　　　　　　　［分離］
> - relieve him of the burden 　　　　　　　［除去］
> - rob her of her purse 　　　　　　　　　［奪取］
>
> などは「分離」のイメージに属すると考えられます．一方，次のものは「起源」を示す表現です．
> - This chair is made of wood. 　　　　　　［材料］
> - This class consists of 40 students. 　　　［構成要素］

75 cry over spilt milk
済んでしまったことを悔やむ

A : Oh, what am I supposed to do?
B : What happened?
A : I broke my dad's favorite pot, and haven't told him yet.
B : Stop crying over spilt milk. Just tell him the truth and apologize from the bottom of your heart.

A : あぁ，ぼくはどうしたらいいんだ．
B : 何があったの？
A : 父さんのお気に入りの壺を壊しちゃって，まだそのことを言ってないんだ．
B : 済んでしまったことを悔やむのはよしなさい．本当のことを話して，心の底から謝るのよ．

★ "こぼれてしまったミルクのことで泣いたって仕方がない"というこの表現は，日本語で言うところの"覆水盆に返らず"という諺にあたります．

★ "be supposed to～"は「～することになっている，～するはずだ」という意味ですが，"What am I supposed to do?"で「ぼくはどうしたらいいんだ？」くらいの意味になります．"What should I do?"や"I don't know what to do?"で言い換えることもできます．

★ところで，"stop to ～"と"stop ～ing"の区別はちゃんとついていますか？ 〈stop + to 不定詞〉は「～するために止まる」，〈stop + ～ing〉は「～することをやめる」という意味です．"cry"を用いて例をあげると，それぞれ"stop to cry"(泣くために立ち止まる)，"stop crying"(泣くのをやめる)のようになります．この問題と関連して，"remember"と"forget"についても注意すべき点があります．それは〈to 不定詞〉が「～すること」であるのに対し，〈～ing〉は「～したこと」となることです．こちらに関しても例をあげておきますので，参考にしてください．
"remember to write a letter"(手紙を書くことを覚えている)〈まだ書いていない〉，"remember writing a letter"(手紙を書いたことを覚えている)〈すでに書いた〉，"forgot to see the man"(その男に会うことを忘れた)〈まだ会っていない〉，"forgot seeing the man"(その男に会ったことを忘れた)〈以前会った〉．
★なお，"from the bottom of one's heart"は「心の底から」という意味の慣用句です．

> **コラム8** 食べものにまつわる表現

英語のイディオムには飲食物を表す単語を用いたものが数多く存在します.

たとえば "pie" を用いたものには "as easy as (apple) pie"(朝飯前),"pie in the sky"(絵空ごと,85話参照),"eat humble pie"(屈辱に甘んじる)などがあります."pie" のイメージは,1つ目の表現では "簡単な(に作れる)もの",2つ目では "好ましいもの,欲しいもの",3つ目では "好ましくないもの,不十分なもの" となります.もっとも,3つ目の表現におけるネガティブなイメージは "humble"(そまつな)という形容詞に負うところが大きく,むしろ "pie" は "分け前,持ち分" というイメージを担っていると言ったほうがいいでしょう.しかし,同一の単語がある表現では好ましいイメージを持ち,別の表現では好ましくないイメージを持つということは多々ありますので,注意しましょう.

"apple" も英語のイディオムで多用される単語のひとつですが,その "apple" を用いたものに "like apples and oranges"(まったく別のもの)や "the apple of someone's eye"(目の中に入れても痛くない,4話参照),"apple-polisher"(リンゴを磨く人→ゴマをする人の意),"An apple a day keeps the doctor away."(諺:1日1個のリンゴを食べれば健康になる)という表現があります.また,"the (Big) Apple" はニューヨーク市のことです.

なお,その他の食べものに関するおもだった表現を以

下にまとめておきますので，各単語がそれぞれの表現の中でどのようなイメージを持っているのかを考えながら，学習してください．

bacon：
    bring home the bacon　生活費を稼ぐ(8話参照)
    save one's bacon　危害を免れる

bean：
    full of beans　元気はつらつ(12話参照)
    spill the beans　口をすべらす(11話参照)
    get beans　叱られる，殴られる

milk：
    milk and water　気の抜けた談義，ふやけた感傷
    the milk in the coconut　むずかしい問題，要点

egg：
    (as) full as an egg　ぎっしりいっぱい
    in the egg　初期のうちに，未発に

bread：
    bread and butter　バターを塗ったパン，生計〈口語〉，収入を得るための決まりきった仕事〈口語〉
    break bread with ～　(～と)食事をともにする

76 meet halfway
歩み寄る

A: What do you think?
B: Sorry, but giving the nod is impossible.
A: Isn't it possible to meet each other halfway?
B: I won't compromise on it, no matter what you say.

A: いかがでしょう？
B: 申し訳ないが，君の提案に首を縦に振るわけにはいかないな．
A: おたがいに歩み寄ることはできないでしょうか？
B: 君が何と言おうと，私は妥協しないよ．

★離れた２点からおたがいに歩み寄って行き，中間点で出会うところをイメージすると覚えやすいですね．"meet halfway"には「（〜を）途中まで出迎える」という意味もあり，"meet someone halfway"のように用いることも可能です．なお，"compromise on/over 〜"は「〜で妥協する」という意味の動詞で，"meet halfway"を一語で言い換えたものと言えます．

77 once in a blue moon
まれに

A：I saw Koji talking to a mannequin.
B：Well, I don't know what to say.
A：But you guys have known each other for more than ten years, right?
B：Yeah, but all I can say is that, once in a blue moon, he does something crazy.

A：コウジがマネキンに話しかけてるのを見たわ．
B：うーん，なんと言えばいいのかわからないよ．
A：でも，あなたたちって知り合ってから10年以上のつき合いなんでしょう？
B：そうだよ，でもぼくに言えることは，彼はまれに突拍子もないことをするってことだけなんだ．

★ "once in a blue moon" は，空中に漂う塵や埃(ほこり)のために，ごくまれに月が青く見えることから生まれた表現で，「めったに〜ない，ごくまれに」という意味です．同じ "once" を使ったものに "once in a while" という表現がありますが，こちらも「ときどき，まれに」という意味です．

78 slip one's mind
うっかり忘れる

A:〈On the phone〉"Sean? It's me, Debby. Where are you?"
B:"Oh, hi, Debby. I'm at the cafe with Daisuke and Junko. What's up?"
A:"What's up? Don't you think you forgot something? Friday night, at five o'clock, popcorn…."
B:"The movie! I'm so sorry, Debby! Oh my God, it slipped my mind! Okay, I'm coming! I'll be there in seven minutes, okay!?"

A:〈電話での会話〉"ショーン？ 私，デビー．どこにいるの？"
B:"やぁ，デビー．例のカフェにいるんだ，ダイスケとジュンコと一緒にね．どうかしたのかい？"
A:"どうかしたのかい，ですって？ 何か忘れてない？ 金曜の夜，5時，ポップコーン…．"
B:"映画だ〜っ！ 本当にごめんよ，デビー！ あぁ，なんてこった，うっかり忘れてたよ！ よし，いま行くから！ 7分で行くから，いいね!?"

★ "slip one's mind" は，対象となる事物が自分の心・記憶からスルッとすべり落ちてしまうところをイメージする

と覚えやすいかもしれません．この表現の主語には〈人〉ではなく〈事物〉が来ますので，注意してください．

★なお，"Oh my God!"という表現ですが，信心深い人がこの表現を耳にすると不快に（神への冒瀆のように）思うことがあります．これを回避する手段として"God"を"gosh"で代替するという方法がありますので，覚えておくとよいでしょう．

★また，"I'll be there."は，後ろに時間や日時を示す語句を伴って，あるいは相手が言った時間・日時を受けて，「（ある決まった時間・日時に）そこに（必ず）いるよ．」という表現です．訳に"（必ず）"と入れたのは，この"will"が〈強い意志〉を表しているからです．

★"What's up?"はここでは「どうしたの？」という意味です．ほかに親しい間柄での挨拶に用いられます．

コラム9　色彩感覚

　英米人と日本人の色彩感覚には，多少ずれがあります．
　たとえば"blue"を例にとれば，日本人にとっての青は，「一点の曇りもない空」「私の心は青空のように澄み渡っている」といったような「明るい」「幸せ」といったイメージを連想させますが，英語では feel blue（憂鬱（ゆううつ）な気持ちになる），blue Monday（気が重い），blues（ブルース：暗い気持ちを歌う曲）といったイメージがあり，日本語とは対照的です．また，"Love is blue"という曲がありますが，日本では『恋は水色』として広く知られ，恋の喜びや至福感を感じさせるような，美しく楽しいイメージを抱かせます．しかし，本当は失恋の歌であり，悲しいイメージを持った曲として欧米では知られているのです．
　また，月は silver や white のような色を連想させるらしく，月が blue であるといった認識はほとんどありません．したがって，once in a blue moon は「めったにない」という意味で用いられます．say that the moon is blue では「バカげたことを言う」という意味になります．
　green の場合，日本語では「新鮮さ」「未熟さ」のイメージがありますが，この点では英語と共通するものがあります．英語の場合，このほか fear（恐れ），jealousy（嫉妬），sickness（病気）などの意味があり，たとえば a green eye は「嫉妬の目つき」という意味であり，

"Love is blue"の中でも"Green, green, my eyes are green"といった表現が使われています.

英米人の色彩に関するイメージを簡単にまとめてみると次のようになります.

red	passion(情熱), anger(怒り), danger(危険) →see red(激怒する, 88話参照) →in the red(赤字で)
white	purity(純潔), innocence(潔白), truth(真実)
black	darkness(暗闇), grief(悲哀), despair(失望), death(死) →in the black(喪服を着て)
blue	depression(憂鬱), sincerity(誠実) →in blue(落ち込んで)
purple	justice(正義), royalty(王族) →born in/to the purple(王侯貴族の家に生まれて)
green	freshness(新鮮さ), inexperience(未熟さ), gladness(喜び), jealousy(嫉妬) →in the green wood/trees(元気な[繁栄の]時代に)
yellow	jealousy(嫉妬), cowardice(臆病)
pink	health(健康) →in the pink(ぴんぴんしている)

79 down in the mouth
しょげている

A : Are you free tonight?
B : Yeah, I have nothing special to do. But why?
A : George seems to be down in the mouth over the result of the exam, so I'm thinking about visiting and cheering him up.
B : All right. Come pick me up at five thirty.

A：今夜，空いてるかい？
B：えぇ，とくにすることはないけど．なぜ？
A：ジョージが試験結果のことでしょげてるみたいなんだ．だから訪ねて行って励ましてあげようと思うんだけど．
B：わかったわ．5時半に（車などで）迎えに来て．

★ "down in the mouth" は，しょげ返って口の両端が落ち込んでいるところをイメージすると覚えやすいかもしれません．つまり，"しょげ返っている表情が口元に表れている"わけですね．同じ "mouth" を用いた慣用表現に "have a big mouth"（おしゃべり）や "open one's mouth too wide"（あまり要求しすぎる，期待しすぎる）といったものがありますので，ついでに覚えておきましょう．

★ "pick someone up" は「〜を車で迎えに来る，車に乗せる」という表現です．なお，「〜しようと考えている」

と言うときは"I'm thinking of/about 〜ing"を用います．"I'm thinking to do 〜"などと不定詞を用いないように気をつけてください．また，"cheer someone up"で「〜を元気づける，勇気づける」といった意味です．

down in the mouth

have a big mouth

open his mouth too wide

80 (as) stubborn as a mule
頑固一徹

A: Do you know how to convince Eddy to quit smoking?
B: I can't say anything about it, because it's not my business. But how about telling him that you'll break up with him unless he quits smoking?
A: I tried that once. But it didn't work at all. He's as stubborn as a mule.
B: Well then, give up or break up.

A: 喫煙をやめるようにエディーを説得するにはどうしたらいいかしら？
B: ぼくにはなんとも言えないな，それはぼくの問題ではないからね．でも，喫煙をやめないとあなたと別れるわよ，なんて言ってみるのはどうだい？
A: その手は使ってみたけど，まったく効かないの．彼，頑固一徹だから．
B: それなら，あきらめるか，別れるかのどっちかだね．

★ "mule" は "ラバ" のことを指し，口語で「頑固者，強情っぱり」という意味もあります．ですから，どんなにお尻をたたいても頑固一徹にまったく動こうとしないラバを

イメージするとよいでしょう．ちなみに，女性の間で流行している"ミュール"(サンダルのような靴)は，同じ綴りですが語源が異なり，「つっかけ靴，寝室用スリッパ」という意味ですので気をつけましょう．

★ "convince someone to do 〜" は「〜するよう人を説得する」という表現です．"unless" は「もし〜でなければ」という条件を表す接続詞ですが，〈unless = if not〉と考えれば，問題はないでしょう．

★ なお，"It doesn't/didn't work." は「(作戦・企みなどが)うまくいかない／いかなかった，(方法・手段などが)うまく運ばない／運ばなかった，(機械などが)うまく機能しない／機能しなかった．」という，日常会話でひんぱんに用いられる表現です．

81 by leaps and bounds
トントン拍子に

> A : I heard you began to play the stock market.
> B : Yeah, it's better than a bank deposit.
> A : But it's difficult to profit from stock, isn't it?
> B : Well, it's not as difficult as you think. Actually, my profits are growing by leaps and bounds.

A：株を始めたんですって？
B：そうなんだ，銀行預金よりはいいからね．
A：でも株で利益を出すのはむずかしいんでしょう？
B：君が考えているほどむずかしくはないよ．実際，ぼくの利益はトントン拍子に増えているからね．

★ "leap" も "bound" も「跳ねる，飛び上がる」という意味ですから，"by leaps and bounds" は，ボールが飛び跳ねながら転がって行くように，物事がトントン拍子に(急速に)進むというイメージです．前置詞の "by" を忘れてしまいそうな人は "飛んだり跳ねたりすることによってトントン拍子に" などとして覚えておくとよいでしょう．

★ なお，例文にもあるように「株に投資する」は "play the stock market" と言いますので，ぜひ覚えておきましょう．

82 hit the nail on the head
図星をつく

A : There's Kelly. She's kind of cute, isn't she?
B : Yes, she is. But she must have a boyfriend.
A : Your guess hit the nail on the head. I am the guy. Kelly's my girl.
B : You're kidding!? How come you didn't tell me!?

A : あっ，ケリーだ．彼女，キュートだよなぁ．
B : あぁ，確かに．でも，彼氏がいるに違いないよなぁ．
A : 君の推測はまさに図星だね．ぼくなんだよ，その相手は．ケリーはぼくの彼女なんだ．
B : 冗談だろ!? どうしてぼくに黙ってたんだよ!?

★ "hit the nail on the head"の直訳は「釘の頭の部分を打つ」ということですから，"狙ったところを外さずにつく"というニュアンスが感じられますね．そこから「図星をつく」という意味が出てきたものと思われます．

★ なお，"She's kind of cute."の"kind of"は副詞的に用いて「ある程度，ある種，〜のようで，いくぶん」という意味を表します．口語においてひんぱんに用いられ，表現をやわらげる要素も合わせ持つようです．

前置詞のイメージ 9　on

onの基本的意味は「接触」「近接」ですが,「接触」する面は上下,側面,底面など,位置を問わないことに注意してください.天井であれ,壁であれ,テーブルや床であれ,接していればonなのです.ですから,"on"=「上に」と機械的に覚えるのではなく,この「接触」のイメージを"on"の基本概念にすることをお勧めします.

- A picture hangs on the wall in the living room.

　(一枚の絵が居間の壁に掛かっている.)

単なる物理的な接触にとどまらず,「時間の接触」ということから「同時性」「最中」を示すこともあります.

- On arriving at the station, I called him up at his office.

　(駅に着くとすぐに彼の仕事場に電話をした.)

上の例文ではonは同時性を表しています.「最中」を表すものとしては,on the increase「増加中」,on the run「逃走中」などがあります.

時間に関して言うと,「～日に」と特定の日を表す場合にはonを用いて,on my birthday「私の誕生日に」,on Sunday「日曜日に」のようになります.ですから,in the morning「午前に」も,特定の日を表す言葉が来ると,on Friday morning「金曜の午前に」のようにonを用います.

- I was born in 1970.
- I was born on May 5th.

また,「接触」のイメージから,「～に支えられて, 頼って, 基づいて」の意味が出てきます. たとえば, depend on ～, rely on ～「～に頼る」の場合の on は「依存」を, be based on ～「～に基づいている」, on the ground that ～「～という理由で」の場合の on は「根拠」を表しています.

　電話, テレビなどの, いわゆる「メディアを通して」という意味でも on が用いられます.

- I heard it on the radio.
- What are you going to watch on TV?
- Be quiet! I'm (talking) on the phone.
  （静かにしてくれ！　今電話中なんだ.）
- I recorded that song on tape.

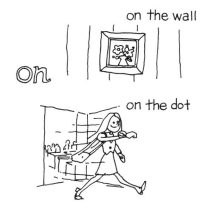

83 come to nothing
水の泡になる

A : What are you doing with my computer? Hey! Where's my document?
B : I didn't do anything. I mean, I just tried to check the weather on the Internet.
A : Do you realize that with one click, three hours of typing came to nothing!
B : I didn't mean it. Sorry.

A : 私のコンピュータで何してるの？　ちょっと！私が書いた文章はどこに行ったの？
B : ぼくは何もしてないよ．と言うか，ぼくはインターネットで天気をチェックしようとしただけなんだ．
A : あなたのワンクリックで3時間のタイピングが水の泡だわ！
B : そんなつもりじゃなかったんだ．ごめんよ．

★直訳は「(あるものが)何ものでもなくなる」ということですから，"come to nothing"という表現から「水泡に帰する」という意味を喚起するのは，そうむずかしいことではありませんね．"come to"は後ろに続く語によって「(〜という状態・関係)になる，(結果，合計などが)〜に達する」などの意味になります．また，"It took three

hours before he came to." と言うと,「3時間経ってから,彼は正気づいた／回復した.」という意味になります.
★なお, "I didn't mean it."(そんなつもりじゃなかったんだ.)という表現は日常会話で多用されますので, ぜひ覚えておきましょう.

84 | in a nutshell
かいつまんで

A : Thank you for sparing me the time, Mr. Kashiwagi.
B : Have a seat and tell me about your product, Ms. Tanaka. You've got ten minutes.
A : I see. It took us seven years to complete our new product. We changed its design three times and ….
B : Could you give me your point in a nutshell? I don't have much time.

A : お時間を割いていただき，ありがとうございます，カシワギさん．
B : お掛けになって，御社の製品について聞かせてください，タナカさん．ただし，持ち時間は10分です．
A : わかりました．当社の新製品を完成させるのに7年かかりました．私どもはデザインを3度も変えて……．
B : 君の要点をかいつまんで言ってもらえますかな？ 時間がないのでね．

★ "nutshell" は「(クルミなどの)殻」のことですが，「ごく小さい物，ごく狭い場所」といった意味も持ち合わせま

す．また，"nutshell"を動詞として用いると「要約する，要約して簡潔に述べる」という意味になります．
★なお，例文にある"You've got 〜"という表現ですが，'have got"には「〜しなければならない」と，単に「〜を持っている(＝have)」という意味があります．この場合は後者にあたるわけです．

85 pie in the sky
絵空ごと

A : Do you mind if I buy a new set of bedding?
B : What for? We have enough futons, don't we?
A : Look at this ad. If you buy it now, you'll win a trip to Paris for sure!
B : Don't be fooled by such an ad. It's nothing but pie in the sky.

A：新しい布団を一組買ってもいいかしら？
B：何のために？　布団なら十分な数あるじゃないか？
A：この広告を見て．いま買うとパリ旅行が確実に当たるのよ！
B：そんな広告に騙されるなよ．そんなの絵空ごとに決まってるよ．

★ "pie in the sky" は，空に浮かんだ雲を眺めて "あの雲，パイに似てるね" などと言っているところをイメージするとよいでしょう．

★ "bedding" は「夜具・寝具」のことです．日本文化を知っている人には，今日では "futon"（布団）も "sushi"（寿司）と同様，（英語にとっての）外来語として通じるようです．

★ "for sure" は「確かに，確実に」という前置詞句で，

"for certain"と言うこともできます．なお，"be fooled by ～"は「～に騙される，バカにされる」，"ad"は"advertisement"の省略形で，「広告」という意味です．

★"Do you mind ～?"は「～してもかまいませんか？」と，相手に許可・承認を求める表現です．例文のように"if節"をとることもできるし，"～ing"をとることもできます．ただし，"to不定詞"はとりませんので気をつけてください．また，「かまいませんよ．」と承諾するときは"No, I don't. Go ahead.",「困ります．」と断るときは"Yes, I do."で答えます．なお，"It's nothing but ～"は「～以外の何ものでもない」という表現で，この"but"には「～以外，～を除いては」という意味があります．

★"If you buy it now, you'll win a trip ～"のyouは，「あなた」ではなく，不特定の一般人を指します．広告や種々の表示には，このyouがよく使われます．

86 neck and neck
大接戦をくり広げる

A: What's going on between Rika and Silvia? They were having a fight.
B: Again?
A: What? Tell me what happened.
B: Well, they are neck and neck for Toshi.

A：リカとシルビア，どうなってるんだ？ 彼女たち，ケンカしてたぜ．
B：また？
A：なんだよ？ 何があったのか教えてくれよ．
B：2人はトシをめぐって大接戦をくり広げてるんだよ．

★ "neck and neck"は，口語で「負けず劣らず，互角で，相並んで」という意味です．競馬用語から出てきた表現です．同じ "neck" を用いたものに "neck and heels"（完全に，しっかりと），"break the neck of 〜"（〈仕事など〉のヤマを越す）などがあります．また，"red-neck" と言うと「アメリカ南部の教養のない白人労働者」を指します．ただし，この表現は侮蔑的に用いられるので，知識として聞いて理解できればよいと思います．自分では使わなくても，このような文化に根ざした単語を知っておくことも，英語学習においては大切です．

87 pull oneself together
気を取り直す

A: How's your younger brother doing? He must be feeling down after breaking up with Yumi.
B: He's okay now. He pulled himself together and is chasing girls again.
A: Oh. I shouldn't have felt pity for him.
B: You can say that again.

A：弟さんはどうしてる？ ユミさんと別れた後じゃ，きっと落ち込んでるでしょう？
B：もう，大丈夫だよ．気を取り直して女の子目当てにくり出してるよ．
A：まぁ．同情なんてするんじゃなかったわ．
B：言えてるよ．

★ "pull oneself together" は「立ち直る，自制心を取り戻す」という表現です．バラバラになった自分（の気持ち）を引き戻してひとつにまとめる，といったイメージで覚えるとよいでしょう．また "pull" の代わりに "get" を用いても「立ち直る」という意味になります．

88 | see red
激怒する

A : Holly got fired yesterday.
B : What's she done?
A : She spoke ill of her boss and that made him see red.
B : I'm not willing to take sides, but that's understandable. She gossips too much.

A : ホリーが昨日クビになったのよ．
B : 何をやらかしたんだい？
A : 上司の悪口を言ってカンカンに怒らせたんですって．
B : どちらか一方の肩を持つ気はないけど，それは理解できるね．ホリーはおしゃべりだからな．

★この"see red"は，闘牛に由来する表現です．闘牛が赤い布を見て興奮するところをイメージしましょう．なお，同じ"see"を用いたものに"see stars"（目から火が出る）という表現もありますので，ついでに覚えておきましょう．
★"take sides/take someone's side"は「一方の味方をする」，"get fired"は「クビを切られる」，"speak ill of someone"は「～の悪口を言う」という表現です．

see

　look が意識的に「見る」であるのに対して，see は意識しなくても「視野に入る，見える」といった意味合いがあります．

　さらに，see には「理解する，わかる」という意味もあります．たとえば "I see what you mean." (君の意図することはわかるよ．) のような使い方があります．

　また，see には「確かめる，調べる」の意味があります．

- I'll see if that's true.
   (それが本当かどうか確かめます．)
- Try and see.
   (実際に確かめて試してごらんなさい．)
- I'll see about that.
   (そのことはなんとかしておきましょう．)
- Your English is not bad, seeing that you've studied it only for two years.
   (習い始めて2年しかならないのを考えると，君の英語も悪くない．)

　上の例文の中で，see about は「(調べて)しかるべき処置をとる」，seeing that ～ は「～を考慮すると」の意味です．

89 hit the road
出かける

A : You've got everything?
B : Yes.
A : All right! Let's hit the road!
B : Yeah!

A : 全部持ったかい？
B : うん．
A : よし！　出発だ！
B : イェーイ！

★ "hit"には「(道などを)歩き始める，(ふと)〜に立ち寄る」という意味があり，"hit the road"で「旅に出る，去る，出かける」となります．また，同じ"hit"を用いたものに"hit the hay"(寝る)という表現もあり，"hit"には〈(ある行為を)し始める〉といったニュアンス(意味ではありません)があるように感じられます．"road"(道)，"hay"(干し草)がそれぞれ〈旅〉，〈就寝〉を象徴していて，それらのことをし始めるわけです．このほかにも"hit"にはさまざまな意味・用法がありますので，辞書などで確認しておくことをお勧めします．

90 white elephant
無用の長物

> A: I'll give you this set of kitchen knives. You like cooking, don't you?
> B: Are you sure? Thanks. But why?
> A: My friend gave it to me on my birthday. But as you know, I don't cook.
> B: It's a white elephant for you, isn't it?

A: この包丁セットを君にあげるよ．料理するのが好きだったよね？
B: 本当？　ありがとう．でも，どうして？
A: 友だちがぼくの誕生日にくれたんだ．でも，君も知っているように，ぼくは料理はしないからね．
B: あなたにとっては無用の長物ってわけね？

★ "white elephant" には「白象，持て余している物，無用の長物」などの意味があります．"白象" はインドなどでは神聖視されていますが，一方で，気に入らない家臣を困らせたいときに国王がこれを与えたと言われています．
★ 蛇足ですが，"elephant"（象）は米国の共和党のシンボルとしても用いられます．対する民主党のシンボルは "donkey"（ロバ）です．

91 safe and sound
無事に

A : I heard that you had once lost your way in a jungle. Is that true?
B : Yeah, it was a terrible experience.
A : How did you come back from the jungle safe and sound?
B : I don't know. Maybe it was divine guidance.

A : かつてジャングルで道に迷ったことがあるって聞いたけど，本当なの？
B : あぁ，恐ろしい体験だったよ．
A : どうやってジャングルから無事に帰ってくることができたの？
B : さぁね．たぶん，神様のお導きというやつかもしれないね．

★ "sound" と聞くと「音」を思い浮かべると思いますが，この場合の "sound" はそれとは語源を異にし，「健全な，健康な」という意味の形容詞です．副詞としては「よく，十分に，ぐっすり」などの意味があり，"She slept sound."（彼女は熟睡した．）などのように用いられます．また，"safe" を用いたものに "on the safe side"（大事を取って）という表現があり，"I took another day off to be on the safe side."（大事を取ってもう1日休みを取った．）など

のように用いますので，一緒に覚えておきましょう．
★なお，"divine"は「神の，神聖な」という意味の形容詞で，"divine guidance"で「神のお導き」という意味になります．

92 packed (in) like sardines
すし詰めになって

A : You're going to Japan, right? I advise you not to take a train during rush hour in Japan.
B : Why not?
A : The passengers are packed in like sardines. You can't even breathe.
B : Thanks for the tip. I'll take a taxi.

A：日本へ行くんですって？　日本ではラッシュアワーには電車に乗らないほうがいいわよ．
B：なぜだい？
A：乗客はすし詰め状態で，ろくに呼吸もできないのよ．
B：教えてくれてありがとう．タクシーを使うことにするよ．

★ "packed (in) like sardines" の直訳は「(缶詰の)イワシのように詰められて」ということですから，"すし詰めの状態" を連想するのはむずかしくないと思います．
★ "I advise you not to 〜" という文の "not" の位置に気をつけましょう．また "advise/suggest/demand/order" などの〈勧告・提案・要求・命令〉を表す動詞がその後ろにthat節を取るときは，that節内の動詞は〈(should) + 動詞の原形〉となり，"She suggested that the game (should)

be put off."(彼女は試合を延期するようにと提案した.)などのように用いられます.

★なお, "tip"は「助言, ヒント, 暗示, 秘訣, 秘法」などの意味で, "Thanks for the tip."(助言／ヒント／秘訣を(教えて)くれてありがとう.)などのように用います.

93 straight from the hip
あるがままに，率直に

> A : I've got something to tell you.
> B : What's up?
> A : Well, I really hate to tell you this, but …. No, I can't!
> B : What!? Just tell me what happened straight from the hip!

A：話があるの．
B：なんだい？
A：その，すごく言いづらいんだけど……．だめだわ，言えない！
B：なんだよ!? 何があったのか，あるがままに言えよ！

★ "straight from the hip" は「包み隠さず，率直に」という表現です．一般に，辞書には "straight from the shoulder" の形で載っていますが，実際には，日常生活においてこちらのほうがよく使われるようです．"銃を腰からすぐに抜く" ところから来た表現のようです．また，これと似た表現に "call a spade a spade"（ずばりと言う）というものもありますので，セットにして覚えておくとよいでしょう．
★ "I hate to tell you this" は「すごく言いづらいんだけ

ど，こんなことを言うのも何なんだけど」という慣用句です．なお，"What's up?"(やぁ，調子はどうだい？)は親しい間柄での挨拶に用いられますが，"William, can we talk?""What's up?"(「ウィリアム，ちょっと話せるかな？」「どうしたんだい？」)のように，「どうしたんだ，何が起こったんだ？」という意味でも用いられますので注意しましょう．

94 know the ropes
事情に通じている

A : Do you know how I can get a ticket to tonight's concert? It's sold out.
B : No, I don't. As you know, I don't like concerts.
A : I see. Thanks anyway.
B : Why don't you ask Mayumi? She knows the ropes for that kind of thing.

A : 今夜のコンサートのチケットをどうやって手に入れたらいいか知ってる? 売り切れなのよ.
B : いや,知らない.君も知ってるように,ぼくはコンサートは好きじゃないからね.
A : わかったわ,ありがとう.
B : マユミに聞いてみたら? 彼女はそのあたりの事情に通じているから.

★ "rope"には,"the"を伴った複数形で「(仕事などの)コツ,秘訣」という意味があります.同じ"rope"を用いた表現に"on the/one's high ropes"(威張って,得意になって)がありますが,こちらは綱渡りに由来しており,綱渡りの芸人がロープの上から観客を見下ろすことから出てきた表現です.

95 watch one's step
言動に気をつける

A : You look depressed. What happened?
B : I made my boss angry again.
A : You'd better watch your step, or you'll get fired soon.
B : I am fired.

A : 落ち込んでるみたいね？　どうしたの？
B : また上司を怒らせちゃったんだよ．
A : 言動に気をつけたほうがいいわよ．さもないと，すぐにクビにされちまうから．
B : もう解雇されたよ．

★ "watch one's step"は「足元に気をつける」という表現ですが，そこから転じて「慎重に行動する，用心する」という意味もあります．同じ"step"を用いた表現に"fall out of step"（歩調・調和を乱す）というものもありますので，一緒に覚えておくとよいでしょう．

★ なお"I am fired."に関して，ここで用いられているような意味で発話するときには"am"に強勢を置くようにします．そうすることで"もうすでに解雇されてしまっている"という事実が強調されるわけです．

96 on the table
検討されている最中

A : Here's the report that you requested.
B : Thanks. What became of that matter? You know, buying ABC Company?
A : That issue is on the table now and it'll take two more weeks before we come to a conclusion.
B : I see.

A：頼まれた報告書です．
B：ありがとう．あの件はどうしたかしら？　ほら，ABCカンパニーの買収の件よ．
A：その問題につきましては，ただいま検討中でして，結論に達するまであと2週間はかかります．
B：そう．

★ "on the table"は"(ある懸案がテーブルに上って)検討されている"などとして覚えるとよいかもしれません．同じ"table"を用いたものに"turn the tables"(形勢を一変させる)という表現があり，これは"バックギャモン"というゲームに由来するものです．また，"under the table"(118話参照)と言うと「賄賂として，こっそりと，袖の下を使って」という意味の前置詞句になります．
★ "What became of that matter?"は「あの件はどうなった？」とたずねるときの決まり文句です．なお，2話で説

明したように"issue"は「問題，論点，発行物」などの意味で，"come to a conclusion"は「結論に達する」という意味の決まり文句です．

97 paint the town red
盛り場に出て飲み騒ぐ

> A : I passed the bar exam!
> B : You did!? Congratulations!
> A : Thanks!
> B : Okay. Let's go paint the town red, lawyer!

A：司法試験に受かったわ！
B：本当!?　おめでとう！
A：ありがとう！
B：よし，盛り場に出て飲み騒ごうぜ，弁護士さん！

★ "paint the town red" は直訳すれば「街を赤く塗る」となりますが，その意味は，俗語で「どんちゃん騒ぎをする，盛り場を飲み歩く」です．"街全体が(酔って)赤くなるくらいに飲み歩く" などと覚えるとよいかもしれません．

★ "bar" には「弁護師団，(法廷にある)手すり」などの意味があり，したがって "bar exam(ination)" は「司法試験」という意味になります．

★ なお，復習になりますが，口語で「～しに行く」と言う場合には，"Go get the ball."(ボールを取ってこい．)のように，2つの動詞の間にあるべき "and" を省略することが間々ありますので気をつけましょう．

98 bark up the wrong tree
見当違いのことをする

> A : How dare you eat my strawberry cake?
> B : If you think I ate it, you're barking up the wrong tree!
> A : Don't lie to me!
> B : I'm not lying! You yourself ate it when you came home drunk last night, remember?

A : よくも私のストロベリーケーキを食べたわね？
B : ぼくが食べたと思ってるなら，見当違いもいいとこだよ！
A : 嘘つかないでよ！
B : 嘘なんかついてないよ！　昨晩，君が酔って帰ってきたときに自分で食べたんじゃないか，覚えてないのかい？

★ "木の上に逃げた獲物に向かって犬が吠え立てているのですが，その獲物はじつは隣の木の上にいた"イメージです．

★ "How dare you … (to someone)?" という表現は「よくもまぁ(〜に対して)…できるね？」という慣用句でしたね．実際はどうであれ，話者の心理としては自分のほうが上の立場にあるという感覚で用います．

99 on the wagon
酒を断って

A : You're full of it!
B : All right. Maybe this photo will help you refresh your memory. I took it last night. Here, take a look.
A : Oh, I don't know what to say.... I'm so sorry, honey.
B : Oh, that's okay. But you should be on the wagon for a while.

A：この，嘘つき！
B：よし，わかった．この写真を見れば思い出すかな？ 昨夜，ぼくが撮ったんだ．ほら，見てごらんよ．
A：まぁ，何て言ったらいいのかわからないわ……．本当にごめんなさい，あなた．
B：まぁ，いいさ．でもしばらくの間，禁酒したほうがいいね．

★ "on the wagon" は "酒瓶をワゴンの上においで禁酒する" ところをイメージするとよいかもしれません．逆に "off the (water) wagon" と言うと「酒をまた飲みだして，禁酒をやめて」という意味になります．"on"（酒を断つ）と"off"（酒を飲みだす）の意味を取り違えないように気を

つけながら，2つの表現をセットにして覚えておくとよいでしょう．

★ "You're full of it!." は「嘘ばっかり！」という意味の慣用句です．この "it" は "lie(s)" のことを暗示しています．

★ なお，"take a look" は「見る」で，"take" の代わりに "have" を用いることもできます．また，"take a closer look" というと「もっと近くでよく見る」くらいの意味になります．

100 under the weather
気分がすぐれない

A : I'm sorry that I kept you waiting.
B : That's okay. By the way, where's your brother?
A : He's not coming. He's feeling under the weather.
B : Oh, I'm sorry to hear that.

A：待たせてごめん．
B：いいのよ，気にしないで．ところであなたの弟さんはどこ？
A：あいつは来ないんだ．気分がすぐれないんだって．
B：まあ，お気の毒に．

★ "weather"の基本的な意味は「気候，天候」ですが，「悪天候，荒天，(運命の)移り変わり，浮沈」などの意味もあります．この "under the weather" という表現は「体の具合が悪くて，気分がクサクサして」の意味で，逆に "above the weather" と言うと，「もう体の具合は悪くない，もう酔っていない」の意味になります．どちらも口語での用法ですが，セットで覚えておくとよいでしょう．

★ "That's okay."（どうってことないさ，気にするなよ．）は，ちょっとした謝罪を受けたときに返す言葉です．

101 bone up (on something)
詰め込み勉強をする

A: Tim, I can't go to the party.
B: Why not?
A: I have a test tomorrow and have to bone up on my English.
B: I see. Good luck on the exam!

A：ティム，私，パーティーには行けないわ．
B：どうして？
A：明日試験があって，今夜は英語の詰め込み勉強なの．
B：わかった．試験，頑張れよ！

★ "bone up (on something)" は，俗語で「～をがつがつ勉強する」という意味ですが，「腕を磨き直す」といった意味もありますので，セットにして覚えておきましょう．なお，この bone は自動詞です．また，"Good luck on ～" は「～での幸運を祈ってるよ」というときの決まり文句です．

102 have a field day
願ってもない機会を得る

A : Junko broke her arm. Who's going to pitch?
B : I don't know. Without Junko, we'll lose.
A : Aya could pitch.
B : Aya? The other team would have a field day with us.

A : ジュンコが腕を骨折したんだ．誰に投げさせればいいんだ？
B : さあね．ジュンコがいないと，私たち負けちゃうわよ．
A : アヤが投げられるよ．
B : アヤ？ 相手チームにとっては，願ってもない機会になるわね．

★ "have a field day" は「願ってもない機会を得る」という慣用句ですが，これは野球選手などが「晴れてグラウンドに立つ機会を得る」ということから来た表現だと思われます．なお，同じ field を用いた表現に "in the field"「戦場に出て，従軍して，守備について，立候補して，現場で」や "take the field"「出陣する，試合を開始する」などがあります．

103 have seen better days
オンボロになる，盛りを過ぎる

> A : Sean, you said you liked my guitar, didn't you? Here, take it.
> B : Really?
> A : It's seen better days, and I'm getting a new one.
> B : Thanks.

A：ショーン，ぼくのギターが欲しいって言ってただろ？　ほら，あげるよ．
B：本当？
A：オンボロになってしまったし，新しいのを買うから．
B：ありがとう．

★"have seen better days"は完了形を使った表現で，直訳すると「もっといい日々を目にしたことがある」となります．そこから「(今では)盛りを過ぎる，オンボロになる」という意味が出てきたものと思われます．"It's"は，"It has"の省略形です．なお，例文にある"take it"は「取っておけよ，あげるよ」という意味で，"keep it"で言い換えることもできます．

104 That'll be the day!
まさか！

A : Do you remember Michael? He's in the newspaper.
B : Michael Martin, our neighbor, right?
A : Yes, Michael Martin. Read this.
B : He's running for mayor? That'll be the day!

A：マイケルのこと覚えてる？　新聞に出ているわよ．
B：近所のマイケル・マーティンのこと？
A：そう，マイケル・マーティンよ．これを読んでみて．
B：彼が市長選に出馬するって？　まさか！

★ "That'll be the day." は直訳では「待つだけの価値がある．」という意味ですが，口語で反語的に用いて「まさか！」という意味になります．まず起こりそうもないことを耳にしたときに用いる表現です．なお，同じ "day" を用いたものに "Those were the days."（昔はよかった．）という表現もあります．この表現は反語的に「昔はひどかった」という意味で用いられることもあるので注意しましょう．

105 drop in the bucket
雀の涙

> A : I'm really sorry that I broke your PC. Let me pay you for it.
> B : What's this? Fifty dollars? That's a drop in the bucket.
> A : Sorry, but that's all I have on me.
> B : It's not just the money. I needed the computer.

A：君のコンピュータを壊してしまって,本当にごめん.弁償させてくれよ.
B：なに,これ？ 50ドル？ こんなの雀の涙じゃない？
A：ごめん,でも,今はそれしかないんだ.
B：お金の問題だけじゃないの.コンピュータが必要だったのよ.

★「バケツの中の一滴」という直訳通り,「量がきわめて少ない」というイメージを簡単に抱くことができます.このイメージから,日本語の「雀の涙,大海の一滴,全体の中の取るに足りない小さな一部」という表現がすぐ出てきますね.また,同じ drop を用いた表現に "at the drop of a/the hat"(待ってましたとばかりに,すかさず,ためらわずに)や "have the drop on a person"(～の機先を制する,～より優位である,～を出し抜く)などがあります.

106 let one's hair down
くつろぐ

> A : Here's your beer. What's wrong?
> B : Nothing.
> A : Then, why don't you let your hair down?
> B : To tell the truth, I've never been in a bar before.

A：ほら，君のビール．どうかしたの？
B：なんでもないわ．
A：じゃ，くつろいでよ．
B：じつを言うとね，バーに来るのは初めてなの．

★ "let one's hair down"（髪の毛をおろす）ことが「心を落ち着かせる」ことにたとえられて，「くつろぐ」という意味が出てきたようです．同じ hair を用いた表現に "keep one's hair on"（落ち着いている〈俗語〉）や，"rub/smooth someone's hair"（～をひどく叱る）などがあります．rub/smooth が「こする／なでる」という意味の動詞だからといって，"rub/smooth someone's hair" を「～を誉める〈誤り〉」などと誤解しないように気をつけてください．

107 promise the moon
とんでもない約束をする

A: Sylvia, you look so happy. What happened?
B: Herb promised to buy me a diamond ring.
A: He promised you the moon. He can't afford it.
B: You have a point, but it sounded good.

A: シルビア，とてもうれしそうだね．何があったんだい？
B: アーブがダイヤモンドの指輪を買ってくれるって約束してくれたの．
A: とんでもない約束をしたもんだな．あいつには，そんな金はないよ．
B: それもそうね．でも，悪くない話だったわ．

★直訳は「月を約束する」ですから，そんな約束が守られるはずがありません．それゆえ，「とんでもない約束をする」という意味になるわけですね．"moon"は「無理なこと，不可能なこと」といったイメージを持ち合わせているようですね．このように，各語が担うイメージを考えながら慣用句を覚えていくことが大切です．

108 make a mountain out of a molehill
大げさに言う

A : Guess what? I saw Robert De Niro.
B : Wow! Did you talk to him?
A : I wanted to, but he didn't even look at me.
B : That's nothing. Stop making a mountain out of a molehill.

A : あのね，ロバート・デ・ニーロに会ったんだよ．
B : すごいじゃない！　彼と話をしたの？
A : そうしたかったんだけどね，彼はこっちを見もしなかったよ．
B : なんでもないじゃないの．大げさに言わないでよ．

★ "mole" は「モグラ」のことで，"molehill" は「モグラ塚」を意味します．したがって，この表現の直訳は「モグラ塚から山をつくる」となり，そこから「小さなことを大げさに言う」という意味になります．また，mole には「ほくろ，あざ」という意味もありますが，発音は同じでも語源は異なりますので気をつけましょう．

109 (right) under one's nose
目の前

A : I can't find my key.
B : Did you look in your coat pockets?
A : Yes, what should I do?
B : Look around you. I'm sure it's right under your nose.

A : 鍵が見つからないんだよ.
B : コートのポケットは？
A : 探したけど，ないんだ．どうしよう？
B : もっとよく探してみて．きっと身近なところにあるはずよ．

★ "(right) under one's nose"を直訳すると「自分の鼻の真下で」ということですから，日本語で言うところの「目の前で」に相当することは想像に難くないでしょう．なお，"before someone's nose"(～の真正面で，～の面前で)や，"at one's nose"(すぐ鼻先で〈口語〉)なども一緒に覚えておくとよいでしょう．

110 Here goes nothing.
ダメもとでやってみよう

A: This has got to be our last bet.
B: What are the odds?
A: Four to one. That's one chance in five that we win.
B: All right. Here goes nothing!

A：賭けるのは，これが最後よ．
B：オッズはどうなっている？
A：4対1よ．成功の確率は5つに1つってこと．
B：わかった．ダメもとでやってみよう！

★ "Here goes nothing." は「ダメもとでやってみよう．」という意味の慣用句です．"Here goes!" だけでも「ええいクソッ！，ええいままよ！」といった，間投詞的な表現になります．なお，同じ here を用いた表現に "Here we are."（［われわれの探し物・望む物が］さあここにあります．）や，"Here you are."（［探し物・望む物を差し出しながら］はいどうぞ，ここにあります．）などがあります．

111 pain in the neck
厄介物／者

> A : Where's Mai?
> B : I don't know. What's wrong?
> A : She told everyone that I'm in love with Kyoko!
> B : Mai's a real pain in the neck, isn't she?

A：マイはどこだ？
B：知らないわよ．どうかしたの？
A：ぼくがキョウコに惚れているって，みんなに言いふらしているんだ！
B：本当にマイは厄介者ね．

★ "pain in the neck" は直訳すると「首の痛み」となりますが，通常，「厄介物／者，うんざり・イライラさせる物／人」という意味で用いられます．なお，同じ pain を用いた表現に "feel no pain"（ひどく酔っぱらっている〈米口語〉）や，"on pain of ～"（～の制裁・刑罰を覚悟のうえで）などがあります．

112 wear the pants/trousers
家庭内で権力を握っている

A : You and Caroline seem happy together.
B : Caroline wears the pants in my family.
A : I can't believe that she decides everything.
B : It's true. I'm a different person when I go home.

A：キャロラインと一緒に暮らしていて幸せそうね．
B：家じゃあ，キャロラインに頭があがらないんだよ．
A：彼女が何もかも決めるなんて信じられないわ．
B：本当だよ．ぼくなんか，家に帰ると別人さ．

★ "wear the pants/trousers" は「女性が幅を利かせている，家庭内で権力を握っている，亭主を尻に敷く，かかあ天下である」といった意味の慣用句で，基本的には女性を主語として用いられるようです．おそらく，「(おもに男性の衣服である)ズボンを女性が身に着ける」という行為が「女性が幅を利かせている，亭主を尻に敷く」という意味を示唆しているものと思われます．なお，"with one's pants down"(不用意なところを，まずいところを〈俗語〉)という表現もあります．

113 pull one's punches
手かげんをする

A: Let's start the match!
B: Go easy on me, okay? I'm a beginner.
A: I don't care. I won't pull my punches.
B: Mike! I've never played tennis before!

A: ゲームを始めるよ．
B: お手やわらかにね．私，初心者なのよ．
A: 知るもんか．ぼくは手かげんはしないよ．
B: マイク！　私はテニスなんてやったことがないのよ．

★ "pull one's punches" はボクシングに由来する表現で「わざと効果のないパンチを打つ」という意味です．そこから「手かげんをする」という意味が出てきたものと思われ，否定構文で用いられることが多いようです．なお，"beat to the punch"（先にパンチ・打撃を加える，相手の機先を制する）や，"punch in/out"（タイムカードを押して出勤／退出する）といった表現もあります．

114 show someone the ropes
ここでのやり方を教える

> A : Hi, I'm Linda Clinton. Nice to meet you.
> B : Hi, Linda. I'm Joe Yamakawa.
> A : I'm a newcomer, so could you show me the ropes?
> B : Sure, please follow me.

A：こんにちは．リンダ・クリントンです．はじめまして．
B：こんにちは，リンダ．ぼくはジョー・ヤマカワと申します．
A：新人なので，ここでのやり方を教えてもらえますか？
B：もちろん．ぼくについてきてください．

★ the を伴った複数形の ropes は「コツ，秘訣」といった意味を持ちます．ですから，"show someone the ropes" は「ここでのやり方を教える，コツ・秘訣を教える」という意味の慣用句です．なお，ほかにも "know the ropes"（コツを知っている，内部事情に明るい）（94話参照）や，"a rope of sand"（弱い結びつき，頼りにならないもの）といった表現があります．

115 keep one's shirt on
イライラしないで

A : Hiroshi, get me a paper.
B : Go get one yourself!
A : Hey, keep your shirt on. What's wrong?
B : I don't like your attitude toward me!

A：ヒロシ，新聞を買ってきてくれない？
B：自分で買いに行けよ！
A：ねえ，イライラしないでよ．どうしたって言うの？
B：君のぼくに対する態度には，もう我慢がならないんだよ！

★ "keep one's shirt on" は俗語で「イライラしない，怒らない，冷静にしている」という意味の慣用句です．ケンカをする際，興奮した男がシャツを脱いだりすることに由来しているのかもしれません．このほかにも "have one's shirt out"（怒る）や，"put/bet one's shirt on"（[競走馬・犬などに]有り金を全部賭ける）などの表現があります．

116 sleep on something
ひと晩考えてみる

A：Mr. Watson, can we talk?
B：Sure, what is it?
A：My son is looking for a job. I heard we're hiring.
B：Can you wait until tomorrow? I'll sleep on it.

A：ワトソンさん，ちょっとよろしいでしょうか？
B：ああ，なんだね？
A：私の息子が仕事を探しているんです．ここで募集しているって聞いたものですから．
B：明日まで待ってくれないか．ひと晩考えてみるよ．

★ "sleep on something" は「ひと晩（寝て）考えてみる」という意味を持つ慣用句です．同じ sleep を用いた表現には "put (someone) to sleep"（[～を]寝つかせる，眠らせる，[～に]麻酔をかける，[動物などを]苦痛を与えずに殺す）といった表現もあります．

117 hit the roof
激怒する

> A : I didn't know Mr. Wilson had such a temper.
> B : He put a hole through the wall!
> A : I've never seen him hitting the roof like that before.
> B : Me neither.

A：ウィルソンさんが，あんなに気が短い人だとは知らなかったわ．
B：壁に穴を開けてしまうんだもんな！
A：彼があんなに激怒したところは，今まで見たことがないわ．
B：ぼくもだ．

★ "hit the roof"は「激怒する」という意味の慣用句です．"roof"には「最高限度，上限」という意味があり，"我慢の限界に達する／怒り心頭に発する"というイメージから「激怒する」という意味が出てきたものと思われます．なお，"roof"を"ceiling"と言い換えても同じ意味になります．また，"raise the roof"（大騒ぎする）という表現もありますので，こちらも一緒に覚えておきましょう．

118 under the table
袖の下

> A : I hope you understand our situation. Oh, this is for you.
> B : What? You think you can buy my support?
> A : No, no. It's just a token of my gratitude.
> B : Sorry, I won't take anything under the table!

A : こちらの立場もご理解いただけたらと思います．ああ，これをどうぞ．
B : なんですか？　私の支持をお金で買おうってお考えなの？
A : いえいえ．これは単に感謝の気持ちでございます．
B : ごめんなさい．私は，いかなる袖の下も受け取るつもりはございません．

★ "under the table" は，口語で「袖の下を使って，賄賂として」という意味の慣用句です．「賄賂をテーブルの下で渡す」などとして覚えるとよいでしょう．なお，このほかにも "on the table"（[物事が]はっきりと見える・わかるようになる，[議案が]棚上げになる）(96話参照)や，"sweep the table"（[卓上にある]賭け金を全部さらう，[賞品などを]独占する，圧勝する）といった表現がありますので一緒に覚えておきましょう．

119 through thick and thin
苦楽をともにして

A: What's going on here?
B: It seems Ken broke your window.
A: No way! We've been through thick and thin.
B: I know, but he was seen carrying a bat.

A：どうしたって言うんだい？
B：ケンがお宅の窓を割ったらしいんです．
A：まさか！　ぼくたちは苦楽をともにしてきた仲だよ．
B：それはわかりますが，彼がバットを持っているのを見た人がいるんです．

★ "through thick and thin" は，ここでは「苦楽をともにして」としましたが，その基本的な意味は「どんなことがあろうとも，あらゆる困難を排して」です．日本語の「苦」と「楽」を，"thick"（厚い，［液体などが］濃い，濃厚な，［集まりが］密集した）と "thin"（［厚さが］薄い，［液体・空気などが］薄い，細［長］い，［集会など］人の入りの少ない）で表しているわけですね．なお，"through and through"（徹底的に，徹頭徹尾，まったく）という表現もありますので，ついでに覚えておきましょう．

120 blow one's top
カンカンに怒る

A: Ed, can you bring me home early tonight?
B: Sure, but why?
A: Well, my dad blew his top.
B: All right. We'll make it a short night.

A: エド，今夜は早く送ってね．
B: いいけど，どうして？
A: 父がカンカンに怒ってるの．
B: わかったよ．短い夜になるね．

★ "blow one's top"は「カンカンに怒る，カッとなる，かんしゃくを起こす」という意味の慣用句で，"blow one's stack"という表現と同じ意味です．なお，同じtopを用いた表現に，"with the top of one's mind"(ぼんやりと)や，"over the top"(最終段階に入って，目標・限度以上に〈米口語〉)などがありますので，覚えておくとよいでしょう．

121 on top of the world
有頂天になって

A : Ryuzo is on top of the world recently.
B : I don't know. He isn't all that happy.
A : I'd be happy if I had his job.
B : I think he's under a lot of pressure at work.

A : このところリュウゾウは有頂天だね.
B : どうかしら. そんなにうれしそうじゃないけど.
A : ぼくが彼の仕事に就いていたらなあ.
B : 彼だって, 職場でずいぶんプレッシャーを感じているわよ.

★ "on top of the world" は「有頂天になって, 意気揚々として, 成功して」などの意味を持つ慣用句です. なお, 同じ world を用いた表現に "out of this/the world" (特別上等な, 素敵な, とびきりの) や, "lost to the world" (世間から取り残されて, 世の中に忘れられて, [あることに] 夢中になって周囲のことに気がつかない) などがありますので, 一緒に覚えておきましょう.

122 have a word (with someone)
(〜と)個人的に話す

A: Osamu?
B: Hi, Nancy. What's up?
A: Can I have a word with you?
B: Sure. Let's talk in your office.

A：オサム？
B：やあ，ナンシー．どうかしたの？
A：あなたにちょっと個人的な話があるんだけど．
B：いいよ．君の事務所で話をしよう．

★ "have a word (with someone)"は「(〜と)個人的に話す」という意味の慣用句です．このほかにも word を使った，"say the word"(命じる，そう言ったことにする〈口語〉)や，"upon my word"(誓って，確かに，きっと，名誉にかけて)といった表現がありますので，ついでに覚えておくとよいでしょう．

123 like a fish out of water
場違いな

A : I'm not going. I told you I'm not a party person.
B : I know, but I'm a special guest of this party. I can't show up at the party without an escort. Please!
A : You know I always feel like a fish out of water at parties, don't you?
B : Oh yes. That's why I'm begging you.

A : ぼくは行かないよ．言っただろ，ぼくはパーティーの類は好きじゃないんだ．
B : わかってるわ．でも，私はこのパーティーの特別ゲストなのよ．エスコートなしに会場に行くわけにはいかないのよ，お願い！
A : パーティーに行くと，ぼくはいつも場違いな感じがするんだよ，知ってるだろう？
B : ええ，もちろんよ．だから頼んでるんじゃない．

★ "like a fish out of water"は「場違いな」という慣用句です．つまり，周りからその人（あるいは自分）だけが浮いている状態が「水から飛び出した魚のようだ」というわけです．なお，fishにまつわるこのほかの表現として，"(as) drunk as a fish"（ひどく酔っぱらって）や，"feed the fishes"（魚のえさになる→溺死する）などがあります．

124 wear two hats
二股をかける

A : Nick, are you free tonight? We have a big party.
B : Sorry, but I have an appointment with Nina.
A : What? You went to the movie with Tina yesterday, didn't you? Hey, you can't wear two hats at the same time, you know that?
B : Who cares?

A : ニック，今夜，空いてる？ でっかいパーティーをやるんだ．
B : ごめん，ニーナと約束があるんだ．
A : なんだって!? お前，昨日はティナと映画に行かなかったか？ おい，二股はダメだぜ，わかってるんだろうな？
B : かまうもんか！

★ wear two hats の直訳は「2つの帽子をかぶる」ですから，日本語で言うところの「2つの顔を持つ」のようなニュアンスがあります．そこから「二股をかける，同時に2つの職に就く」という意味が出てきたのでしょう．hat を使った表現には，このほかにも hat in hand（帽子を手に持って，かしこまって，うやうやしく）や，make a hat of 〜（〜を台無しにする）などがあります．

125 knock someone dead
素晴らしさでビックリさせる

A : I'm getting nervous. This is the first time for me to play the piano in public.
B : Come on, you're going to be all right.
A : What if I play a wrong note?
B : I'm sure your performance's going to knock the audience dead. Trust me!

A：緊張してきたわ．人前でピアノを弾くのは初めてなの．
B：大丈夫，きっとうまくいくさ．
A：もし弾き間違えたら？
B：聴衆は，君の演奏の素晴らしさにきっとビックリするよ．ぼくを信じて！

★ "knock someone dead" は「～をひどく驚かせる，強く感動させる」という意味の慣用句です．つまり，「～を(打ち殺すほどに)ひどく驚かす」というわけです．また，"knock about"（小突き回す，虐待する，［波などが船を］翻弄する，ぶらつく，放浪する）や，"knock back"（［食べものを］腹いっぱい食べる〈英口語〉，［酒を］あおる，［ニュースなどが～に］ショックを与える，［品物などが～に］出費をさせる）なども覚えておくとよいでしょう．

126 get a move on
急ぐ

A: Wataru, let's have a break here. I'm tired.
B: Come on, Margaret. We're going to be late for school!
A: Don't worry, Wataru. We still have fifteen minutes.
B: Don't you know how long it's going to take from here? Eighteen minutes. Come on, let's get a move on!

A：ワタル，ここで休憩しましょうよ．私，疲れたわ．
B：ダメだよ，マーガレット．学校に遅れるよ！
A：心配しないで，ワタル．まだ15分もあるのよ．
B：ここからどのくらい(時間が)かかるか，知らないのかい？ 18分だよ．ほら，急ごうぜ！

★ "get a move on" は俗語で「足を早める，出かける，急ぐ」という意味の慣用句です．"move on" は「どんどん歩く・進む，話題・仕事などを変える」などの意味を持ち，また，ここでの "get" は「〜をし始める」くらいのニュアンスととらえておけばよいでしょう．同じ move を用いた表現に "move up"（昇進・出世する，[株価などが]上がる）や，"make a move"（動く，立ち去る，出かける準備をする）などがあります．

127 in the nick of time
きわどいところで

> A : Mr. Brown? … Mr. Brown? … He's not …
> B : Here! I'm here!
> A : Good morning, Mr. Brown. It seems like you made it in the nick of time.
> B : Good morning, Mr. Smith. I'm not late, am I?

A : ブラウン君？ …ブラウン君？ …彼は来ていないよう…
B : ここです！ ぼくはここにいます！
A : おはよう，ブラウン君．どうやらきわどいところで間に合ったようだね．
B : おはようございます，スミス先生．ぼく，遅刻していませんよね？

★ "in the nick of time" は「きわどいところで，ちょうどよいときに」という意味の口語表現です．本来，"nick"は「（数・時・印などを表すためにつけられた）刻み目」のことで，「刃こぼれ」や「（ある出来事の）決定的瞬間」といった意味も持ち合わせています．

128 pick on someone
～のあら探しをする

A : Carol, what's wrong? Why are you so upset?
B : Nothing! Just leave me alone!
A : Hey, come on. Tell me.
B : It's Debby! She started picking on me in front of Kevin! I'm sure he won't talk to me again.

A : キャロル，どうしたの？ なぜそんなに怒ってるの？
B : なんでもないわ！ 放っといて！
A : ねえ，そんなこと言わないで．話してみなよ．
B : デビーのことよ！ 彼女ったらケビンの前で私のあら探しを始めたのよ！ 彼，もう２度と私に話しかけてくれないわ．

★ "pick on someone" は「～を選ぶ，～を指名する，～を選定する」という意味の慣用句ですが，口語で「[槍玉にあげて]～をいじめる，～のあら探しをする」という意味もあります．なお，同じ "pick" を用いた表現に，"pick at ～"（～をひったくる，～をひっつかもうとする，～にさわる）や，"pick out ～"（～を突つき出す，～を掘り出す，～を選び出す，～を抜擢する，～を汲み取る，～を悟る）などがあります．

129 have a familiar ring
聞き覚えがある

A : Boss, James was drinking at the bar last night, with a guy named Taro Yamada.
B : Taro Yamada …. That has a familiar ring.
A : You know him?
B : I don't, but would you check the list and see if he has any criminal record.

A : ボス，ジェームズのやつ，昨夜，例のバーでタロウ・ヤマダという名前の男と飲んでたそうです．
B : タロウ・ヤマダだと…．聞き覚えがあるなあ．
A : そいつを知ってるんですか？
B : いや，名簿をあたって，そいつに前科があるかどうか，調べてくれ．

★この ring は「感じ，調子，響き」という意味で，"have a familiar ring" は「聞き覚えのある」という意味の慣用句です．なお，同じ ring を用いた表現に "ring a bell"（思い出させる，ピンとくる〈口語〉）(13 話参照)や，"ring in"（そっと入れる，すり換える〈口語〉）などがあります．

130 a tempest in a teapot
から騒ぎ

> A : Hey, do you know about the rumor that this company is going bankrupt?
> B : Yeah, I'm so scared to lose my job. I've got a wife and five kids to take care of.
> A : Don't take it so seriously. It's just a tempest in a teapot.
> B : I hope so.

A：おい，例の噂，知ってるかい？　この会社，倒産するかもしれないんだって．
B：ああ，仕事を失うのがとても怖いよ．ぼくには妻と5人の子どもがいるんだ．
A：そんなに真剣になるなよ．ただのから騒ぎさ．
B：だといいんだけどな．

★ "tempest" は「大嵐，暴風雨，大雪，大騒動，大騒ぎ，激しい動揺」などの意味を持つ名詞で，"a tempest in a teapot" は「から騒ぎ，つまらないことで大騒ぎをすること」という意味の慣用句です．たとえどんなに「大嵐，大騒ぎ」が起こっていても，それが「ティーポット」の中での話なら，「じつは大したことではない，から騒ぎである」というわけです．

なかなかおもしろい表現ですね．

なお，"tempest"を"storm"に，"teapot"を"teacup"に置き換えて，"a storm in a teacup"としても意味はまったく同じです．

索　引

[イディオム・フレーズ]

- a bird in the bush（予想される利益, 不確実なもの）　85
- a bird in the hand（現実の利益, 確実なもの）　85
- a bolt out of the blue（青天の霹靂）　34
- above the weather（もう体の具合は悪くない, もう酔っていない）　188
- ace in the hole（最後の切り札, 奥の手）　70
- act one's age（年相応にふるまう）　2
- Adam's apple（のど仏）　16
- a dog in the manger（意地悪な人）　84
- a flea in one's ear（いやみ, 苦言, あてこすり）　57
- a fly in the ointment（玉にきず）　57
- a fly on the wall（盗み聞きする人）　54, 57
- a fly on the wheel（うぬぼれ屋）　57
- after a fashion（どうにか）　48
- against the hair（毛並みに逆らって, 性分に反して, 不本意に）　99
- (all) Greek to me（ちんぷんかんぷん）　104
- a morning person（朝型人間）　131
- An apple a day keeps the doctor away.（1日1個のリンゴを食べれば健康になる）　146
- a night person/bird/owl（夜型人間）　131
- apple-polisher（ゴマをする人）　146
- a rope of sand（弱い結びつき, 頼りにならないもの）　202
- (as) busy as a bee（大忙し）　47
- (as) cool as a cucumber（落ち着きはらって）　74
- (as) drunk as a fish（ひどく酔っぱらって）　211
- as easy as (apple) pie（朝飯前）　146
- (as) full as an egg（ぎっしりいっぱい）　147
- (as) sick as a dog（ひどい病状にある）　82

- ☐ (as) stubborn as a mule（頑固一徹）　156
- ☐ a storm in a teacup（じつは大したことではない，から騒ぎである）　219
- ☐ a tempest in a teapot（から騒ぎ，つまらないことで大騒ぎをすること）　218
- ☐ at first hand（じかに，直接に）　135
- ☐ at one's nose（すぐ鼻先で）　197
- ☐ at second hand（間接に，古物で）　135
- ☐ at the drop of a/the hat（待ってましたとばかりに，すかさず，ためらわずに）　193
- ☐ at the end of one's rope（我慢の限界に来ている）　86
- ☐ bark up the wrong tree（見当違いのことをする）　185
- ☐ be all ears（耳を澄ませて聞く）　93
- ☐ beat a dead horse（無駄骨を折る，済んだことを蒸し返す）　17, 85
- ☐ beat around the bush（遠まわしに言う）　58
- ☐ beat to the punch（先にパンチ・打撃を加える，相手の機先を制する）　201
- ☐ before someone's nose（～の真正面で，～の面前で）　197
- ☐ be head and shoulders above someone in（…において～よりもはるかにすぐれている）　137
- ☐ behind someone's back（～のいないときに，～に内緒で，こっそり）　137
- ☐ be putty in someone's hands（言いなりになる）　17
- ☐ better late than never（何もしないより，遅れてでもしたほうがまし）　18
- ☐ better safe than sorry（後で悔やむより，今のうちに安全を図っておいたほうがよい）　20
- ☐ blow one's own horn（自画自賛する）　122
- ☐ blow one's top（カンカンに怒る，カッとなる，かんしゃくを起こす）　208
- ☐ blurt out（うっかりしゃべる）　81
- ☐ bone up (on something)（詰め込み勉強をする，～をがつがつ勉強する，腕を磨き直す）　189
- ☐ born in/to the purple（王侯貴族の家に生まれて）　153

- bread and butter（バターを塗ったパン，生計） 147
- break/crush a butterfly on the wheel（大げさな手段を用いる） 57
- break a leg（うまくいく，演技で成功する） 136
- break bread with（～と食事をともにする） 147
- break the ice（堅苦しさを破る，口火を切る） 129
- break the neck of（仕事などのヤマを越す） 168
- bring home the bacon（生活費を稼ぐ） 14, 147
- burn one's bridges（後戻りできない） 43
- burn the candle at both ends（無理をしすぎる） 60
- bury one's head in the sand（現実に目をつぶる） 17
- butter someone up（ゴマをする，へつらう） 52
- by a hair（僅差で，間一髪で） 99, 112
- by leaps and bounds（トントン拍子に） 158
- by the ear（手荒に，無理やりに） 98
- call a spade a spade（直言する，あからさまに言う） 70, 178
- call it a day（これで切り上げる） 64
- call ～ names（～をののしる，～の悪口を言う） 3, 65
- can't make heads or tails (out) of something（ちんぷんかんぷん） 108
- catch someone on the wrong foot（～を不意に捕まえる，～に不意打ちを食らわす） 137
- chop one's own ice（自分の利得だけを図る） 129
- close one's eyes to（～を無視する） 98
- come out with ～ inadvertently（～にうっかりしゃべる） 81
- come to a dead end（行き詰まる） 86
- come to nothing（水の泡になる） 162
- cross that bridge when one comes to it（そのときになって対処する） 46
- cry over spilt milk（済んでしまったことを悔やむ） 144
- dog's life（惨めな生活） 85
- down in/at the mouth（しょげ返って，意気消沈して，弱りきって） 98, 154

- [ ] drop a line（便りを書く）　140
- [ ] drop in the bucket（雀の涙）　193
- [ ] eat humble pie（屈辱に甘んじる）　146
- [ ] eat like a bird（食が細い）　29, 126
- [ ] eat like a horse（山ほど食べる［大食い］）　126
- [ ] eyes and no eyes（観察力のすぐれている人とそうでない人）　97
- [ ] fall flat on one's face（失敗に終わる）　97
- [ ] fall head over heels for someone（～に無我夢中になる）　120
- [ ] fall out of step（歩調・調和を乱す）　181
- [ ] feed the fishes（溺死する）　211
- [ ] feel no pain（ひどく酔っぱらっている）　199
- [ ] feet first（棺に入れられて，死んで）　135
- [ ] fiddle while Rome is burning（大事をよそに安逸をむさぼる）　17
- [ ] find one's feet（赤ちゃんが歩けるようになる，経験を積んで自分の本領を発揮する）　137
- [ ] fix one's mouth for（～の準備をする）　99
- [ ] fly off the handle（カッとなる）　106
- [ ] follow one's nose（まっすぐ進む，本能のままに進む）　98
- [ ] for one's own hand（自分の利益のために）　135
- [ ] for the birds（つまらない，価値のない）　85
- [ ] from head to feet（頭のてっぺんからつま先まで，まったく）　96
- [ ] from the bottom of one's heart（心の底から）　145
- [ ] full of beans（元気いっぱい）　24, 147
- [ ] get a leg in（～に取り入る，～の信用を得る）　137
- [ ] get a move on（急ぐ）　214
- [ ] get beans（叱られる，殴られる）　147
- [ ] get butterflies in one's stomach（心臓がドキドキする）　55
- [ ] get fired（クビを切られる）　12, 37, 170, 181
- [ ] get in someone's hair（～をいらだたせる，悩ます，うるさがらせる）　99
- [ ] get it in the neck（ひどく攻撃される）　97

- get one's fingers burned（苦い体験をする） 102
- get one's hand in（熟練する，コツを得る） 135
- get one's head above water（困難を切り抜ける） 124
- get the ax（クビになる） 12
- get the green light（許可を得る） 138
- get to the point（要点を言う） 59
- give it in the neck（ひどく攻撃する） 97
- give someone a break（もう1度機会を与える） 42
- give someone the ax（〜の首を切る） 12
- give the green light（許可を与える） 138
- give the nod（首を縦に振る） 148
- go to the dogs（ダメになる） 82, 84
- green with envy（羨ましくてしょうがない） 26, 90
- hand in hand（手に手を取って） 136
- hang in there（がんばり続ける） 103
- Has the cat got your tongue?（どうして黙り込んでいるんだい？） 85
- hat in hand（帽子を手に持って，かしこまって，うやうやしく） 212
- have a bee in one's bonnet/head（気が変になるほどある考えに凝っている） 57
- have a big mouth（ペラペラと大声でしゃべる，おしゃべり） 80, 154
- have a card up one's sleeve（奥の手を用意している） 71
- have a crush on someone（〜に熱を上げている） 120
- have a familiar ring（聞き覚えがある） 217
- have a field day（願ってもない機会を得る） 190
- have a finger in every pie（いろいろなことに関与する） 102
- have (all) the cards in one's hands（成算がある） 71
- have an eye to（〜に注目する，〜に気をつける） 98
- have ants in one's pants（うずうずする，イライラしている） 56
- have a word (with someone)（〜と個人的に話す） 210
- have butterflies in one's stomach（心臓がドキドキする）

55, 56

- [ ] have eyes for（〜に興味・関心がある）　98
- [ ] have itching ear（珍事などを聞きたがる）　98
- [ ] have no stomach for（〜する気はない，〜を好まない）　55
- [ ] have one's back to the wall（進退窮まる）　137
- [ ] have a finger in the pie（〜に関与している）　102
- [ ] have one's shirt out（怒る）　203
- [ ] have seen better days（オンボロになる，盛りを過ぎる）　191
- [ ] have the drop on 〜（〜の機先を制する，〜より優位である，〜を出し抜く）　193
- [ ] have two faces（裏表がある，二心を抱く）　96
- [ ] head over heels（まっさかさまに）　97, 120
- [ ] Here goes nothing.（ダメもとでやってみよう）　198
- [ ] hit it off with（〜と仲良くやる，折り合う）　73
- [ ] hit rock bottom（どん底に陥る）　37
- [ ] hit the ceiling（激怒する）　72, 205
- [ ] hit the hay（寝る）　172
- [ ] hit the nail on the head（図星をつく）　159
- [ ] hit the road（出かける）　73, 172
- [ ] hit the roof（激怒する）　73, 205
- [ ] hold one's horses（はやる心を抑える，我慢する）　85
- [ ] in a fashion（どうにか）　48
- [ ] in a nutshell（かいつまんで）　164
- [ ] in blue（落ち込んで）　153
- [ ] in spades（断然，はっきりと，率直に，容赦なく）　70
- [ ] in the black（喪服を着て）　153
- [ ] in the cards（たぶんありそうな，起こりそうな）　71
- [ ] in the cart（困って，ひどい目にあって）　79
- [ ] in the egg（初期のうちに，未発に）　147
- [ ] in the field（戦場に出て，従軍して，守備について，立候補して，現場に）　190
- [ ] in the green wood/trees（元気な[繁栄の]時代に）　153
- [ ] in the nick of time（きわどいところで，ちょうどよいときに）　215

- [ ] in the pink（ぴんぴんしている） 153
- [ ] in the red（赤字で） 153
- [ ] in the same boat（同じような困難な境遇にいる） 35
- [ ] in the teeth of（～に面と向かって） 99
- [ ] keep a straight face（真顔を保つ） 97
- [ ] keep body and soul together（どうにか生計を立てる） 36
- [ ] keep one's distance (from someone or something)（～と接触を避ける） 76
- [ ] keep one's hair on（落ち着いている） 194
- [ ] keep one's head above water（財政的になんとかやっている） 36, 124
- [ ] keep one's nose clean（面倒なことに巻き込まれないようにする，悪いことをしないでいる） 98
- [ ] keep one's shirt on（イライラしない，怒らない，冷静でいる） 203
- [ ] keep up appearances（外見をつくろう，体面を保つ） 6
- [ ] kick the bucket（死ぬ） 41
- [ ] kick the habit（悪習を断つ） 41
- [ ] kill two birds with one stone（一石二鳥） 30
- [ ] knock about（小突き回す，虐待する，波などが船を翻弄する，ぶらつく，放浪する） 213
- [ ] knock back（腹いっぱい食べる，酒をあおる，ニュースなどが～にショックを与える，品物などが～に出費をさせる） 213
- [ ] knock someone dead（～をひどく驚かせる，強く感動させる） 213
- [ ] know the ropes（事情に通じている） 180, 202
- [ ] lay one's cards on the table（手の内を見せる） 68
- [ ] let one's (black) hair down（髪の毛をおろす，遠慮なくふるまう，羽を伸ばす，くつろぐ） 99, 194
- [ ] let one's tongue slip（失言する） 81
- [ ] let someone down（失望させる，期待を裏切る） 132
- [ ] let the cat out of the bag（口をすべらす，秘密を漏らす） 80, 84
- [ ] like a cat on hot bricks（そわそわして，イライラして落ち着

- [ ] かずに) 85
- [ ] like a dog with two tails (大喜びで, いそいそと) 84
- [ ] like a drowned mouse/rat (びしょ濡れになって) 85
- [ ] like a fish out of water (場違いな) 211
- [ ] like apples and oranges (まったく別のもの) 146
- [ ] like flies (大勢で, 多勢で) 57
- [ ] like something the cat (has) brought in (くたびれ果てて, 薄汚れて) 84
- [ ] live from hand to mouth (その日暮らしをする) 114
- [ ] long in the tooth (年老いて, 盛りを過ぎて) 97
- [ ] lose face (面子／面目を失う) 94, 96
- [ ] lost to the world (世間から取り残されて, 世の中に忘れられて, あることに夢中になって周囲のことに気がつかない) 209
- [ ] louse up (台無しにする) 57
- [ ] make a fool of oneself (物笑いになる) 109
- [ ] make a fool of someone (〜を笑い者にする, 〜をバカにする) 59, 109
- [ ] make a hat of 〜 (〜を台無しにする) 212
- [ ] make a mountain out of a molehill (小さなことを大げさに言う) 196
- [ ] make a move (動く, 立ち去る, 出かける準備をする) 214
- [ ] make a poor mouth (貧乏だからと言い訳をする) 99
- [ ] make a slip of the tongue (失言する) 81
- [ ] make both ends meet (家計をなんとかやりくりする) 88
- [ ] make fun of someone (〜をからかう, 笑いの種にする) 109
- [ ] make someone's mouth water (〜によだれを出させる, 〜を…が欲しくてたまらなくさせる) 99
- [ ] make someone's nose swell (〜を羨ましがらせる) 98
- [ ] make the gotcha (逮捕する) 103
- [ ] meet halfway (歩み寄る) 148
- [ ] mend (one's) fence (仲直りする) 100
- [ ] milk and honey (豊かな生活の糧) 16
- [ ] milk and water (気の抜けた談義, ふやけた感傷) 147

- mind one's own business（余計なおせっかい）　49
- mouse and man（あらゆる生きもの）　85
- move on（どんどん歩く・進む，話題・仕事などを変える）　214
- move up（昇進・出世する，株価などが上がる）　214
- neck and heels（完全に，しっかりと）　168
- neck and neck（大接戦をくり広げる）　168
- nod one's head（首を縦に振る，同意する）　97
- off duty（非番）　14
- off the cuff（即席で）　62
- off the (water) wagon（酒をまた飲みだして，禁酒をやめて）　186
- on air（放送中）　4
- once in a blue moon（ごくまれに，めったに〜ない）　149, 152
- on duty（勤務中）　14
- on pain of 〜（〜の制裁・刑罰を覚悟のうえで）　199
- on the cards（たぶんありそうな，起こりそうな）　71
- on the dot（きっかりに）　92
- on the fence（どっちつかずの態度をとる）　100
- on the/one's high ropes（威張って，得意になって）　180
- on the safe side（大事を取って）　174
- on the table（検討されている最中）　182, 206
- on the wagon（酒を断って）　186
- on top of the world（有頂天になって，意気揚々として，成功して）　209
- open one's mouth too wide（あまり要求しすぎる，期待しすぎる）　154
- out of the blue（突然に）　34
- out of this/the world（特別上等な，素敵な，とびきりの）　209
- over my dead body（死んでも反対）　40
- over the hill（ヤマを越して）　78
- over the top（最終段階に入って，目標・限度以上に）　208
- packed (in) like sardines（すし詰めになって）　176

- [ ] pain in the neck（厄介物／者，うんざり・イライラさせる物／人） 199
- [ ] paint the town red（盛り場に出て飲み騒ぐ） 184
- [ ] pick at ～（～をひったくる，～をひっつかもうとする，～にさわる） 216
- [ ] pick on someone（～のあら探しをする，～をいじめる，～を選ぶ，～を指名する，～を選定する） 77, 216
- [ ] pick out ～（～を突つき出す，～を掘り出す，～を選び出す，～を抜擢する，～を汲み取る，～を悟る） 216
- [ ] pie in the sky（絵空ごと） 146, 166
- [ ] play one's ace（最善の手段を用いる） 70
- [ ] play one's cards well/badly（物事の処理がうまい／下手） 71
- [ ] play one's part well/badly（うまく／下手に立ち回る） 73
- [ ] play the stock market（株に投資する） 158
- [ ] promise the moon（とんでもない約束をする） 195
- [ ] pull one's punches（手かげんをする） 201
- [ ] pull oneself together（気を取り直す） 169
- [ ] pull someone's leg（～をからかう，かつぐ） 134
- [ ] punch in/out（タイムカードを押して出勤／退出する） 201
- [ ] put a bold/brave face on（～を平気な顔をして我慢する） 97
- [ ] put on airs（気取る） 4, 6, 45
- [ ] put one's cards on the table（手の内を見せる） 68
- [ ] put/bet one's shirt on（競走馬・犬などに有り金を全部賭ける） 203
- [ ] put/set one's shoulder to the wheel（精を出す，力を尽くす，ひと肌ぬぐ） 137
- [ ] put on (the) dog（気取る，すまし込む） 85
- [ ] put the arm on（～を捕まえる，逮捕する） 136
- [ ] put the bee on（～を鎮圧する，打ち負かす） 57
- [ ] put the cart before the horse（順序を誤る） 79
- [ ] put the cat among the canaries（騒動を起こす） 84
- [ ] put (someone) to sleep（～を寝つかせる，眠らせる，～に麻酔をかける，動物などを苦痛を与えずに殺す） 204

- raise the roof（大騒ぎする） 205
- (right) under one's nose（目の前で） 197
- ring in（そっと入れる，すり換える） 217
- ring a bell（ピンとくる，思い出させる） 28, 217
- round one's neck（重荷・足手まといになって） 98
- rub/smooth someone's hair（〜をひどく叱る） 194
- safe and sound（無事に） 174
- save face（面目を保つ） 94, 96
- save one's bacon（危害を免れる） 147
- say that the moon is blue（バカげたことを言う） 152
- say the word（命じる，そう言ったことにする） 210
- screw up（へまをしでかす，物事を台無しにする） 87
- see a doctor（医者に診てもらう） 20
- see red（激怒する） 153, 170
- see stars（目から火が出る） 170
- sell like hotcakes（飛ぶように売れる） 128
- shake hands（握手をする） 136
- shake one's head（首を横に振る，同意しない） 97
- shoulder to shoulder（肩を並べて，たがいに協力して） 137
- show one's cards（自分の手札を見せる，自分の計画を示す） 71
- show one's teeth（怒る，威嚇する，歯向かう） 97
- show someone the ropes（ここでのやり方を教える，コツ・秘訣を教える） 202
- sit at someone's feet（〜の教えを受ける） 137
- sit on one's hands（手をこまねいている） 116, 136
- skin a flea for its hide (and tallow)（ひどくケチなことをする） 57
- sleep like a log（ぐっすり眠る） 139
- sleep on something（ひと晩[寝て]考えてみる） 204
- slip one's mind（うっかり忘れる） 150
- smell a rat（策略・陰謀などをかぎつける，感づく） 85
- speak of the devil（噂をすれば影） 66
- spill the beans（口をすべらす） 22, 147

- ☐ split hairs（細々したことを言う） 112
- ☐ stack the cards（不正な工作・お膳立てをしておく） 71
- ☐ stamp one's feet with chagrin（悔しさにじだんだを踏む） 91
- ☐ start on the right foot（出足が順調である，うまくやる） 135
- ☐ stir up a hornet's nest（面倒を引き起こす） 17
- ☐ straight from the hip（あるがままに，率直に） 178
- ☐ sweep the table（卓上にある賭け金を全部さらう，賞品などを一手に占める，圧勝する） 206
- ☐ take a day off（休みを1日とる，1日休む） 14
- ☐ take issue with（～に異議を唱える，反対する） 5
- ☐ take the field（出陣する，試合を開始する） 190
- ☐ That'll be the day.（待つだけの価値がある，まさか） 192
- ☐ the apple of Sodom（失望の種，開けて悔しい玉手箱） 16
- ☐ the apple of someone's eye（目の中に入れても痛くない） 8, 146
- ☐ the bird in one's bosom（良心，内心） 85
- ☐ The early bird catches the worm.（早起きは三文の得） 11
- ☐ the milk in the coconut（むずかしい問題，要点） 147
- ☐ the pros and cons of（～についての賛否・善し悪し） 101
- ☐ There are no flies on ～（～はまったく抜け目がない，～は非の打ちどころがない） 57
- ☐ Those were the days.（昔はよかった，昔はひどかった） 192
- ☐ through and through（徹底的に，徹頭徹尾，まったく） 207
- ☐ through thick and thin（どんなことがあろうとも，あらゆる困難を排して，苦楽をともにして） 207
- ☐ throw up one's card（計画を放棄する，敗北を認める） 71
- ☐ tickle someone's ear(s)（お世辞を言って～を喜ばす） 98
- ☐ to the teeth（完全に，寸分のすきもなく） 99
- ☐ try to stand in someone's way（～の足を引っ張る，邪魔をする） 134
- ☐ turn a deaf ear (to someone/something)（～に耳を貸さない）

- 93
- ☐ turn one's back on（～に背を向ける，～を見捨てる，～を無視する）　137
- ☐ turn over a new leaf（心を入れ換える）　130
- ☐ turn (the) cat in (the) pan（裏切る，寝返る）　84
- ☐ turn the tables（形勢を一変させる）　182
- ☐ turn up one's nose at（～を軽蔑する，～を鼻先であしらう）　98
- ☐ twist someone's arm（～の腕をねじる，～に強制する）　136
- ☐ under the table（賄賂として，こっそりと，袖の下を使って）　182, 206
- ☐ under the weather（気分がすぐれない）　188
- ☐ up in arms（カンカンに怒って）　10
- ☐ up in the air（未決定で）　4
- ☐ up to the/one's ear（抜き差しならなくなって）　98
- ☐ upon my word（誓って，確かに，きっと，名誉にかけて）　210
- ☐ watch one's step（言動に気をつける）　181
- ☐ wear the pants/trousers（家庭内で権力を握っている，亭主を尻に敷く，かかあ天下である）　200
- ☐ wear two hats（二股をかける，同時に2つの職に就く）　212
- ☐ wet behind the ears（～が未熟な，青二才の）　87, 98
- ☐ wet blanket（座をしらけさせる人）　32
- ☐ What's the use of crying over spilt milk.（覆水盆に返らず）　35
- ☐ white elephant（無用の長物）　173
- ☐ wide of the mark（的外れ）　142
- ☐ with one's pants down（不用意なところを，まずいところを）　200
- ☐ with the top of one's mind（ぼんやりと）　208
- ☐ You scratch my back and I'll scratch yours.（持ちつ持たれつ）　137

[決まり文句]

- Are you done?（もう終わった？） 49
- Between you and me, …（ここだけの話なんだが，…） 120
- Calm down.（落ち着け） 13, 77
- Chill (out).（落ち着け） 13, 77
- Come on.（こっちへおいでよ，さぁさぁ，オイオイ，頼むよ，いいじゃないか） 15, 53
- Come on!（今さら何を言ってるのよ，あなただってわかってるでしょ！） 53
- Damn it!（しまった，いまいましい！） 76
- Definitely.（まったくその通り，確かに） 9
- Don't mention it.（いいってことよ） 67
- Don't talk nonsense.（バカなことを言うな，無茶を言うな） 14
- Do you mind ~?（~してもかまいませんか？） 167
- Exactly.（まったくその通りだ） 37, 78
- Forget it.（気にすんなって） 67
- Give me a break.（冗談もほどほどにしてくれよ，嘘でしょ？） 134
- Go ahead.（続けて） 93
- Go on.（続けて） 93
- Good luck on ~（~での幸運を祈ってるよ） 189
- Gotcha.（わかった） 23
- Guess what?（何だと思う？，あのね，あててごらん） 25, 138
- Here goes!（ええいクソッ！，ええいままよ！） 198
- Here we are.（[われわれの探し物・望む物が]さあここにあります） 198
- Here you are.（[探し物・望む物を差し出しながら]はいどうぞ，ここにあります） 198
- How come?（どうして？） 72
- How dare you ~?（よくも~してくれたね，よくも~できるね？） 80, 185
- I didn't mean it.（そんなつもりじゃなかったんだ） 163
- I'd love to.（喜んで） 33

- I'd love to, but 〜. （本当はそうしたいんだけど，〜だからできない）　33
- I got it. （わかった）　23
- (I) got you. （捕まえたぞ，見つけたぞ，引っかかった，わかった）　103
- I hate to tell you this, … （すごく言いづらいんだけど，こんなことを言うのも何なんだけど）　178
- I knew this would happen. （こうなるとわかっていた）　52
- I'll think about it. （考えておくよ）　89
- I'm coming. /Coming. （いま行く）　103, 119, 150
- I mean it. （それを本当に意図している，本気だ）　134
- I'm fed up with it. （うんざりだ，たくさんだ）　59
- I'm sick of it! （うんざりだ！，たくさんだ！）　59
- I'm (sick and) tired of it. （うんざりだ，たくさんだ）　59
- I see. （わかった）　42
- Is that what you want? （それでもいいのか？）　95
- I told you. （だから言ったでしょ）　87
- It's none of your business. （君には関係ない）　49
- It sounds good to me. （いいじゃない，私はそれでいいわよ）　105
- keep it （取っておけよ，あげるよ）　191
- Oh my God!/gosh! （なんてこった，やれやれ）　55, 151
- Poor 〜. （かわいそうな〜）　36
- Putting/setting that aside, … （それはそれとして，その件は横に置いといて）　74
- Right. （その通り）　5
- Shoot! （ちぇ，しまった！）　18
- Sure thing. （いいとも，もちろん，承知した）　67
- take it （取っておけよ，あげるよ）　191
- Take it easy! （落ち着け！）　77
- Thanks anyway. （とにかくありがとう）　61
- That's enough. （もう我慢できない，もうたくさんだ）　86
- That's okay. （どうってことないさ，気にするなよ）　188
- That's what I thought. （やっぱりそうか，それはまさにぼくが思っていたことだ）　82

- [ ] What am I supposed to do?（どうしたらいいんだ？） 144
- [ ] What are you talking about?（なんだって？） 10
- [ ] What became of that matter?（あの件はどうなった？） 182
- [ ] What do you mean by (saying) that?（それはいったいどういう意味？） 29, 52-53
- [ ] What if 〜?（〜としたらどうなるだろう，たとえ〜でもかまうもんか） 114-115
- [ ] What's that supposed to mean?（それはいったいどういう意味？） 29
- [ ] What's the use of 〜ing.（〜をすることに何の意味があると言うのだ，〜しても無駄だ） 35
- [ ] What's up?（どうしたの？／やぁ，調子はどうだい？） 151, 179
- [ ] Which means?（つまりそれってどういうこと？） 142
- [ ] Why don't you 〜?（〜したらどう？） 61
- [ ] Why not?（どうしていけないの？／いいとも，もちろん） 64
- [ ] You bet!（もちろん〜さ！／どういたしまして！） 66-67
- [ ] You can say that again.（まったくその通りだ） 37, 78
- [ ] You mean 〜（つまり君が言っていることは〜かい？） 5
- [ ] You're full of it!（嘘ばっかり！） 187
- [ ] (You're) kidding.（冗談でしょ？） 143
- [ ] You said it.（まったくその通りだね） 78

小池直己

広島大学大学院修了．専門は，放送英語，新聞英語，映画英語，英語教育学，心理学．特に心理学の理論を応用した英語教育の研究を専門とする．カリフォルニア大学ロサンゼルス校(UCLA)の客員研究員を経て，大東文化大学准教授，相模女子大学教授，就実大学教授・大学院教授を歴任．その間，NHK 教育テレビの講師も務める．英字新聞『ASAHI WEEKLY』の連載コラムでもおなじみ．「放送英語を教材とした英語教育の研究」で日本教育研究連合会より表彰される．主な著書に，『放送英語を教材とした英語教育の研究』『放送英語と新聞英語の研究』(北星堂書店)などの研究書のほか，『英会話の基本表現 100 話』『語源でふやそう英単語』『話すための英文法』(以上，岩波ジュニア新書)，『誰もが知っている単語で話せる日常英会話』(講談社)，『英語でたのしむアドラー心理学』(PHP 文庫)など，370 冊以上，累計 500 万部以上にのぼる．

覚えておきたい 基本英会話フレーズ 130
岩波ジュニア新書 870

2018 年 4 月 20 日　第 1 刷発行

著　者　小池直己（こいけなおみ）
発行者　岡本　厚
発行所　株式会社 岩波書店
　　　　〒101-8002 東京都千代田区一ツ橋 2-5-5

　　　　案内 03-5210-4000　営業部 03-5210-4111
　　　　ジュニア新書編集部 03-5210-4065
　　　　http://www.iwanami.co.jp/

印刷製本・法令印刷　カバー・精興社

Ⓒ Naomi Koike 2018
ISBN 978-4-00-500870-4　Printed in Japan

岩波ジュニア新書の発足に際して

きみたち若い世代は人生の出発点に立っています。きみたちの未来は大きな可能性に満ち、陽春の日のようにひかり輝いています。勉学に体力づくりに、明るくはつらつとした日々を送っていることでしょう。

しかしながら、現代の社会には、また、さまざまな矛盾をはらんでいます。営々として築かれた人類の歴史のなかで、幾千億の先達の英知と努力によって、未知が究明され、人類の進歩がもたらされ、大きく文化として蓄積されてきました。にもかかわらず現代は、核戦争による人類絶滅の危機、貧富の差をはじめとするさまざまな人間的不平等、社会と科学の発展が一方においてもたらした環境の破壊、エネルギーや食糧問題の不安等々、来るべき二十一世紀を前にして、解決を迫られているたくさんの大きな課題がひしめいています。現実の世界はきわめて厳しく、人類の平和と発展のためには、きみたちの新しい英知と真摯な努力が切実に必要とされています。

きみたちの前途には、こうした人類の明日の運命が託されています。ですから、たとえば現在の学校で生じているささいな「学力」の差、あるいは家庭環境などによる条件の違いにとらわれて、自分の将来を見限ったりはしないでほしいと思います。個々人の能力とか才能は、いつどこで開花するか計り知れないものがありますし、努力と鍛練の積み重ねの上にこそ切り開かれるものですから、簡単に可能性を放棄したり、容易に「現実」と妥協したりすることのないようにと願っています。

わたしたちは、これから人生を歩むきみたちが、生きることのほんとうの意味を問い、大きく明日をひらくことを心から期待して、ここに新たに岩波ジュニア新書を創刊します。現実に立ち向かうために必要とする知性、豊かな感性と想像力を、きみたちが自らのなかに育てるのに役立ててもらえるよう、すぐれた執筆者による適切な話題を、豊富な写真や挿絵とともに書き下ろしで提供します。若い世代の良き話し相手として、このシリーズを注目してください。わたしたちもまた、きみたちの明日に刮目しています。

(一九七九年六月)

岩波ジュニア新書

864 榎本武揚と明治維新
――旧幕臣の描いた近代化

黒瀧秀久

幕末・明治の激動期に「蝦夷共和国」を夢見て戦い、その後、日本の近代化に大きな役割を果たした榎本の波乱に満ちた生涯。

865 はじめての研究レポート作成術

沼崎一郎

図書館とインターネットから入手できる資料を用いた研究レポート作成術を、初心者にもわかるように丁寧に解説。

866 その情報、本当ですか?
――ネット時代のニュースの読み解き方

塚田祐之

ネットやテレビの膨大な情報から「真実」を読み取るにはどうすればよいのか。若い世代のための情報リテラシー入門。

867 ロボットが家にやってきたら…
――人間とAIの未来
〈知の航海〉シリーズ

遠藤 薫

身近になったお掃除ロボット、ドローン、AI家電…。ロボットは私たちの生活をどう変えるのだろうか。

868 司法の現場で働きたい!
――弁護士・裁判官・検察官

打越さく良
佐藤倫子 編

13人の法律家(弁護士・裁判官・検察官)たちが、今の職業をめざした理由、仕事の面白さや意義を語った一冊。

869 生物学の基礎はことわざにあり
――カエルの子はカエル? トンビがタカを生む?

杉本正信

動物の生態や人の健康、遺伝や進化、そして生物多様性まで、ことわざや成句を入り口に生物学を楽しく学ぼう!

(2018.4)

岩波ジュニア新書

856 敗北を力に！
——甲子園の敗者たち
元永知宏 著

甲子園での敗北は、選手のその後の人生にどんな影響を与えたのか？ 激闘を演じ、最後に敗れた甲子園球児の「その後」を追う。

857 世界に通じるマナーとコミュニケーション
——つながる心、英語は翼——
横山カズ／横手尚子 著

マナーの基本5原則、敬語の使い方、気持ちを伝える英語など、国際化時代に必要な、実践で役立つマナーの基本を紹介します。

858 漱石先生の手紙が教えてくれたこと
小山慶太 著

漱石の書き残した手紙は、小説とは違った感慨を読む者に与える。綴られる励まし、ユーモアは、今を生きる人にもエールとなるだろう。

859 マンボウのひみつ
澤井悦郎 著

光る、すぐ死ぬ、人を助けた、3億個産卵……数々の噂は本当か？ 捨身の若きハカセによって、いま明らかに——。[カラー頁多数]

860 自分のことがわかる本
——ポジティブ・アプローチで描く未来——
安部博枝 著

「自分の強み」を見つける自分発見シートや「なりたい自分」に近づくプランシートなど実践的なワークを通して未来を描く自己発見マニュアル。

861 農学が世界を救う！
——食料・生命・環境をめぐる科学の挑戦——
生源寺眞一／太田寛行／安田弘法 編著

くらしを豊かにし、自然環境を保全し、生き物たちの役に立つ——。地球全体から顕微鏡で見る世界まで、農学には可能性と夢がある！

862 私、日本に住んでいます
スベンドリニ・カクチ 著

日本に住む様々な外国人を紹介します。彼らはなぜ日本に住み、どんな生活をしているのでしょう？ 多文化共生のあり方を考えるヒント。

863 短歌は最強アイテム
——高校生活の悩みに効きます——
千葉聡 著

熱血教師で歌人の著者が、現代短歌を通じて学校生活の様子や揺れ動く生徒たちの心模様を描く青春短歌エッセイ。短歌を通じて、高校生にエールを送る。

(2017.12)

岩波ジュニア新書

848 財政から読みとく日本社会
——君たちの未来のために——
井手英策 著

日本の財政のなりたちをわかりやすく解説し、新しい社会への選択肢をつくるためにできることは？

849 正しいコピペのすすめ
——模倣、創造、著作権と私たち——
宮武久佳 著

デジタル機器やネットの普及でコピーが日常行為になった今、知っておくべきルールとは？論文やレポートにも役立つ著作権の入門書。

850 聖徳太子
——ほんとうの姿を求めて——
東野治之 著

仏像に残された銘文や、自筆とされるお経の注釈書など、さまざまな手がかりを読み解き、太子の謎の実像に迫ります。調べて考える歴史学って面白い！

851 日本一小さな農業高校の学校づくり
——愛農高校、校舎たてなおし顛末記——
品田茂 著

自主自立を学び、互いを尊重しあえる人を育む教育で知られる愛農高校のユニークな校舎づくり。みんなで力を合わせてつくった自分たちの学びの場とは？

852 東大留学生ディオンが見たニッポン
ディオン・ティン 著

大好きな国・ニッポンに留学したディオンの見聞録。東大での日々で同世代や社会に感じた異論・戸惑い・共感を率直に語る。国際化にむけても示唆に富む一冊。

853 中学生になったら
宮下聡 著

勉強や進路、友達との関係に悩む中学生の日常に寄り添って、充実した三年間を送る方法をアドバイス。自ら考え判断し、行動する力を身につけたい生徒に最適。

854 質問する、問い返す
——主体的に学ぶということ——
名古谷隆彦 著

「主体的に学ぶ」とは何か、「考える」とはどういうことなのか。多くの学校現場の取材をもとに主体的に学ぶことの意味を探る。

855 読みたい心に火をつけろ！
——学校図書館大活用術——
木下通子 著

学校図書館には、多様な注文をもった生徒たちがやってくる。学校司書として生徒の「読みたい」「知りたい」に応える様子を紹介。本を読む楽しさや意義も伝える。

(2017.6)

岩波ジュニア新書

840 徳川家が見た戦争
徳川宗英 著

二六〇年余の泰平をもたらした徳川時代、将軍家を支えた田安徳川家の第十一代当主が語る現代の平和論。二度と戦争を起こさないためには何が必要なのか。

841 研究するって面白い！
——科学者になった11人の物語——
伊藤由佳理 編著

理系の専門分野で活躍する女性科学者11人による研究案内。研究内容やその魅力を伝えると共に、どのように進路を決め、今があるのかについても語ります。

842 紛争・対立・暴力
——世界の地域から考える——
〈知の航海〉シリーズ
西崎文子・武内進一 編著

なぜ世界でテロや暴力が蔓延するのか。欧州の移民問題や中東のISなど、宗教、人種・民族、貧困と格差が複雑に絡み合う現代社会の課題を解説。

843 期待はずれのドラフト1位
——逆境からのそれぞれのリベンジ——
元永知宏 著

プロ野球選手として思い通りの成績を残せなくてもそこで人生が終わるわけではない。新たな挑戦を続ける元ドラフト1位選手たちの軌跡を追う！

844 上手な脳の使いかた
岩田誠 著

経験を積むことの重要性、失敗や叱られることの意味、失われた能力を取り戻すしくみ——脳のはたらきを知れば、使い方も見えてくる。本当の「学び」とは何か？

845 方言萌え!?
——ヴァーチャル方言を読み解く——
田中ゆかり 著

キブンを表すのに最適なヴァーチャル方言は、リアル方言にも影響を与えている。その関係から、日本語や日本社会の新たな断面が見えてくる。

846 女も男も生きやすい国、スウェーデン
三瓶恵子 著

男女平等政策を日々更新中のスウェーデン。その取り組みを具体的に紹介する。そこには日本の目指すべき未来がある。

847 王様でたどるイギリス史
池上俊一 著

「紅茶を飲む英国紳士」はなぜ生まれた？「料理がマズイ」は戦略？　個性的な王様たちのもとで醸成された文化と気質を深〜く掘り下げ、イギリスの素顔に迫る！

(2017.2)